基督教文化研究丛书

主编 何光沪 高师宁

十编 第**8**册

法国巴黎外方西藏传教会
进藏活动研究（1844～1864）（上）

刘瑞云 著

花木兰文化事业有限公司

国家图书馆出版品预行编目资料

法国巴黎外方西藏传教会进藏活动研究（1844～1864）（上）
／刘瑞云 著 -- 初版 -- 新北市：花木兰文化事业有限公司，
2024〔民 113〕
目 6+152 面；19×26 公分
（基督教文化研究丛书 十编 第 8 册）
ISBN 978-626-344-621-2（精装）
1.CST：传教史 2.CST：天主教 3.CST：西藏自治区
4.CST：法国巴黎
240.8   112022497

ISBN-978-626-344-621-2

9 786263 446212

基督教文化研究丛书
十编 第八册   ISBN：978-626-344-621-2

法国巴黎外方西藏传教会
进藏活动研究（1844～1864）（上）

作　　者 刘瑞云
主　　编 何光沪、高师宁
执行主编 张　欣
企　　划 北京师范大学基督教文艺研究中心
总 编 辑 杜洁祥
副总编辑 杨嘉乐
编辑主任 许郁翎
编　　辑 潘玟静、蔡正宣　美术编辑 陈逸婷
出　　版 花木兰文化事业有限公司
发 行 人 高小娟
联络地址 台湾 235 新北市中和区中安街七二号十三楼
　　　　　 电话：02-2923-1455 ／ 传真：02-2923-1452
网　　址 http://www.huamulan.tw 信箱 service@huamulans.com
印　　刷 普罗文化出版广告事业
初　　版 2024 年 3 月
定　　价 十编 15 册（精装）新台币 40,000 元　　　　版权所有 请勿翻印

法国巴黎外方西藏传教会
进藏活动研究（1844～1864）（上）

刘瑞云 著

作者简介

刘瑞云，四川大学外国语学院法文系法语教师，历史学博士，副教授，博士生导师，长期从事近代法国涉藏关系史研究；主持国家社科基金项目：《法国藏近代涉藏档案整理与研究（1842-1952）》（19BMZ036）；主持第 66 批中国博士后基金面上一等资助项目《晚清时期法国巴黎外方会川滇藏区活动研究》（项目号：2019M660241）；主持四川大学校级项目：《法国藏学家"亚历山大大卫妮尔"视野中的西藏形象研究》《法国巴黎外方传教会藏区活动法文档案史料的翻译与研究（1844-1858）》《清末法国驻川领事馆档案中的四川地方政治与社会研究（1906-1912）》。出版专著：《19 世纪中叶法国人在川滇藏区的活动研究》，在期刊发表学术论文二十余篇。

提　要

　　17 世纪初，耶稣会传教士安德拉德前往古格地区传教，是为天主教传教士早期进藏活动的开始。18 世纪中叶，在藏传教活动失败之后，嘉布遣传教会从中国西藏完全撤离。至 19 世纪中叶，法国在远东常常依托宗教开展殖民侵略活动，这逐渐提升了法国在天主教传华事务中的话语权。罗马天主教会洞察了这一天主教传华形势新动向，于 1844 年开始重新筹谋进藏传教活动，并于 1846 年宣布以中国西藏为核心地带设立拉萨宗座代牧区，指派法国巴黎外方传教会前往中国西藏开展天主教传教活动。为实现最初设定之目标——进驻中国西藏首府拉萨开展传教活动，1847 年至 1862 年之间，法国巴黎外方西藏传教会先后数度从中国内地之四川、云南及南亚之印度、不丹、尼泊尔、锡金、拉达克等地出发开展进藏活动，试图前往西藏首府拉萨传播天主教，均以失败告终。最后，法国巴黎外方西藏传教会不得不放弃"进入中国西藏前往拉萨传教"的目标，全面终止进藏活动，转而选择落脚川、滇、藏边地传教，直至 1952 年完全撤离中国。

　　19 世纪中叶，西方众强国对整个亚洲的殖民侵入使中国及其西藏地方面临一系列复杂严峻的国际新形势。在此背景下，清政府意欲延续以往封闭的宗教及外交政策，西藏地方也日益加强对西方人的严格封锁。因此，相较于 17 至 18 世纪中叶耶稣会、嘉布遣会等天主教修会的早期进藏活动，19 世纪中叶法国巴黎外方西藏传教会进藏活动开展之际，传教士们进藏沿途的境遇发生了巨大的变化，进藏活动遭遇了重重难以克服的困难。

　　1844-1864 年之间，天主教会重返中国西藏传教计划以及法国巴黎外方西藏传教会进藏活动虽然遭遇了严重挫败，但这一历史进程在整个天主教藏区传播历史以及中国西藏近现代历史上均占据重要地位，对该段史实展开研究具有重要意义，不仅有助于从源头上把握整个近代天主教藏区传播历史，还有助于透过西方传教士藏区活动反观近代中国对外国际关系、近代中西方文化交流以及近代中国西南边疆危机等问题。

本书将主要通过深度解读法国巴黎外方传教会档案馆馆藏教廷谕令、传教士书信游记及法国外交部档案馆馆藏宗教事务原档等法文原始档案史料，首次对1844至1864年间天主教会重返中国西藏传教计划的形成以及法国巴黎外方西藏传教会进藏活动的实施过程进行全景式梳理及全方位论述，以期呈现该段历史史实的发生、经过及结果，揭示诸多复杂历史事件背后潜藏的深层次动因，在弥补国内外学界相关研究薄弱环节的同时，为之后的近代天主教藏区传播史、近代中国对外关系史以及近代中国西南边疆等领域的研究提供一定程度上的启示和借鉴。

"基督教文化研究丛书"总序

何光沪 高师宁

　　基督教产生两千年来，对西方文化以至世界文化产生了广泛深远的影响——包括政治、社会、家庭在内的人生所有方面，包括文学、史学、哲学在内的所有人文学科，包括人类学、社会学、经济学在内的所有社会科学，包括音乐、美术、建筑在内的所有艺术门类……最宽广意义上的"文化"的一切领域，概莫能外。

　　一般公认，从基督教成为国教或从加洛林文艺复兴开始，直到启蒙运动或工业革命为止，欧洲的文化是彻头彻尾、彻里彻外地基督教化的，所以它被称为"基督教文化"，正如中东、南亚和东亚的文化被分别称为"伊斯兰文化"、"印度教文化"和"儒教文化"一样——当然，这些说法细究之下也有问题，例如这些文化的兴衰期限、外来因素和内部多元性等等，或许需要重估。但是，现代学者更应注意到的是，欧洲之外所有人类的生活方式，即文化，都与基督教的传入和影响，发生了或多或少、或深或浅、或直接或间接，或片面或全面的关系或联系，甚至因它而或急或缓、或大或小、或表面或深刻地发生了转变或转型。

　　考虑到这些，现代学术的所谓"基督教文化"研究，就不会限于对"基督教化的"或"基督教性质的"文化的研究，而还要研究全世界各时期各种文化或文化形式与基督教的关系了。这当然是一个多姿多彩的、引人入胜的、万花筒似的研究领域。而且，它也必然需要多种多样的角度和多学科的方法。

　　在中国，远自唐初景教传入，便有了文辞古奥的"大秦景教流行中国碑颂并序"，以及值得研究的"敦煌景教文献"；元朝的"也里可温"问题，催生了民国初期陈垣等人的史学杰作；明末清初的耶稣会士与儒生的交往对话，带来了中西文化交流的丰硕成果；十九世纪初开始的新教传教和文化活动，更造成了中国社会、政治、文化、教育诸方面、全方位、至今不息的千古巨变……所有这些，为中国（和外国）学者进行上述意义的"基督教文化研究"提供了极其丰富、取之不竭的主题和材料。而这种研究，又必定会对中国在各方面的发展，提供重大的参考价值。

就中国大陆而言，这种研究自 1949 年基本中断，至 1980 年代开始复苏。也许因为积压愈久，爆发愈烈，封闭越久，兴致越高，所以到 1990 年代，以其学者在学术界所占比重之小，资源之匮乏、条件之艰难而言，这一研究的成长之快、成果之多、影响之大、领域之广，堪称奇迹。

然而，作为所谓条件艰难之一例，但却是关键的一例，即发表和出版不易的结果，大量的研究成果，经作者辛苦劳作完成之后，却被束之高阁，与读者不得相见。这是令作者抱恨终天、令读者扼腕叹息的事情，当然也是汉语学界以及中国和华语世界的巨大损失！再举一个意义不小的例子来说，由于出版限制而成果难见天日，一些博士研究生由于在答辩前无法满足学校要求出版的规定而毕业受阻，一些年轻教师由于同样原因而晋升无路，最后的结果是有关学术界因为这些新生力量的改行转业，后继乏人而蒙受损失！

因此，借着花木兰出版社甘为学术奉献的牺牲精神，我们现在推出这套采用多学科方法研究此一主题的"基督教文化研究丛书"，不但是要尽力把这个世界最大宗教对人类文化的巨大影响以及二者关联的方方面面呈现给读者，把中国学者在这些方面研究成果的参考价值贡献给读者，更是要尽力把世纪之交几十年中淹没无闻的学者著作，尤其是年轻世代的学者著作对汉语学术此一领域的贡献展现出来，让世人从这些被发掘出来的矿石之中，得以欣赏它们放射的多彩光辉！

2015 年 2 月 25 日
于香港道风山

目

次

绪　论

第一节　选题与研究意义

天主教在中国西藏传播的历史久远。1624 年，旅居印度果阿的耶稣会传教士安德拉德（Andrade）从印度到达中国西藏西部古格地区进行传教，揭开了早期天主教传教士在中国西藏活动的历史序幕。之后，又不断有西方传教士进入中国西藏开展基督宗教传教活动。至 18 世纪中叶，早期天主教在藏传播活动因为嘉布遣修会撤离西藏而中断。[1]在其后的近 100 年间，西方传教士再未进入中国西藏。19 世纪中叶，罗马天主教会决定重返中国西藏开展传教活动。1844 年，西藏—印度斯坦宗座代牧区（Vicariat apostolique du Thibet et de l'Hindoustan）代牧主教波尔基（F. Joseph-Antoine Borghi）[2]签署文件，将其管辖的中国西藏教务临时委托给巴黎外方四川传教会代牧主教马伯乐（Pérocheau）[3]管理，授权其派遣巴黎外方传教会（les Missions Etrangères de

---

1　伍昆明：《早期传教士进藏活动史》，北京：中国藏学出版社，1992 年。

2　波尔基，全名约瑟夫·安东尼·波尔基（Joseph-Antoine Borghi），嘉布遣会传教士，领安哥拉主教衔（évêque d'Agra），1841 年任西藏——印度斯坦宗座代牧。参见 Juliette Buzelin, *le journal de voyage de Nicolas Krick, missionnaire et explorateur, (1851-1852)*, A. M. E., études et documents 15, p.289.

3　马伯乐又名贝罗书，全名雅克·雷奥拿尔·马伯乐（Jacques Léonard Pérocheau），1787 年 1 月 6 日出生于法国旺岱省（vendée）的莱萨布勒·多伦（Les Sables d'Olonnes），1812 年晋铎，1817 年被祝圣为马格祖拉主教（Maxula），同年到达四川，1838 年 7 月 11 日冯达拿主教去世后，马伯乐继任四川宗座代牧主教，长期在清政府严格禁止天主教在华背景下开展传教活动，造就了马伯乐谨小慎微的传教风格。参见 Notice bibliographique de Jacques Léonard Pérocheau, Archives des missionnaires des M.E.P., N.329.

Paris，简称 M.E.P.）传教士到中国西藏开展传教活动。1846 年 3 月 27 日，罗马教皇格列高利十六世（GrégoireXVI）谕令在中国西藏设立以其中心城市——拉萨命名的宗座代牧区,命巴黎外方传教会组建西藏传教会[4]以管理拉萨代牧区教务。此后，以巴黎外方西藏传教会为依托，天主教会进藏传教活动得以重新开展起来。

19 世纪中叶，1844 至 1866 年间，法国巴黎外方西藏传教会围绕中国西藏多次开展进藏活动，围绕该段历史事实展开学术研究的价值和意义如下：

首先，就天主教藏区传播历史而言，继 17 世纪至 18 世纪中叶天主教传教士早期进藏传教活动中断近 100 年后，1844 至 1866 年巴黎外方西藏传教会的再次进藏活动是罗马天主教会针对中国西藏教务开启的又一次重大尝试。从 17 世纪到 18 世纪，先后有多个天主教使团进藏传教，其中包括以安德拉德为首的印度果阿教省耶稣会传教士们在中国西藏古格（今西藏阿里）地区（1624-1652）、以卡塞拉和卡拉布尔为首的孟加拉马拉巴教省耶稣会传教士们在中国西藏日喀则地区（1628-1632）以及意大利耶稣会传教士德西德里在拉萨（1716-1721）的传教活动。[5]这些传教会在中国西藏传教活动的先后失败，使得天主教在藏传教活动进入了一个将近 100 年的真空期。19 世纪中叶巴黎外方西藏传教会再度尝试进藏传教，标志着罗马天主教藏区传播活动迈进了一个新的历史时期。长期以来，学界对于天主教传华历史的研究主要集中于天

---

4 需要特别指出的一点是，这里的"西藏传教会"是对 1846-1952 年间受罗马之命负责西藏教务的巴黎外方传教团体的统称。参见 A. Launay, *Histoire de la mission du Thibet*, tome 1, Paris, Les Indes Savantes, 2001, pp.64-71. 该会成立后，其主要的实际活动范围并不在今天的西藏自治区，而是以西藏东部及东南部的四川、云南藏区及南亚印度、不丹边境藏区为主，在某个历史阶段甚至包括四川的仁寿、井研等汉人聚居区。本文之所以仍称之为"西藏传教会"，主要有以下几点考虑：1. 19 世纪中叶，该会成立时，罗马教廷和巴黎外方传教会就直接将其命名为"la Mission du Thibet"，即"西藏传教会"，在当时的档案材料中，也都以该名称称呼这一教会，具体参见 A. Launay, *Histoire de la mission du Thibet*, tome 1, Paris, Les Indes Savantes, 2001；Les Archives des Missions Etrangères de Paris, volume556, etc.。（les Archives des Missions Etrangères de Paris, volume556 是巴黎外方传教会档案第 556 卷，下文注释当中统一简称为 A. M. E., vol.556, 以此类推。）2. 该会既定的传教目标为"进驻拉萨、归化西藏"，"西藏传教会"这一名称实际上反映了当时天主教会上层对实现这一目标的期望。3. "西藏传教会"这一名称也为国内天主教藏区传播史研究领域的重要学者接受并采用。参见伍昆明：《早期传教士进藏活动史》，中国藏学出版社，1992 年，第 508 页。

5 参见伍昆明：《早期传教士进藏活动史》，中国藏学出版社，1992 年。

主教在中国内地传播历史的研究上，对藏区天主教的传播活动历史研究较为
匮乏；另外，法国巴黎外方传教会是 19 世纪中叶及之后天主教传华活动的一
支重要力量，长期被国内学界忽略。因此，该研究可以从天主教传教使团以及
其在华区域传教史两方面对天主教传华活动研究有所裨益。

　　其次，从法国巴黎外方西藏传教会进藏活动面临的天主教传华新形势来
看，19 世纪中叶正值天主教在华保教权开始逐渐转移至法国的重要历史时期，
以及清政府对天主教传华政策由"禁教"改行"弛禁"的过渡阶段。经历第一
次鸦片战争，特别是在第二次鸦片战争后，清政府被迫在政策层面全面"弛禁"
天主教传华活动，与此前相比，法国在天主教传华活动领域的话语权逐渐上升，
由此天主教传华活动开始呈现出许多新特点。这一时期，法国巴黎外方西藏传
教会进藏活动正好处在中外国际形势巨变的历史漩涡之中，将该会进藏相关活
动置于当时错综复杂的国际关系视野之中予以考察，可以反观清政府当时对外
宗教政策的新形势，以及天主教在华传教活动的新动向，亦可以期望能在一定
程度上推进国内学界对这一时期中外及国际关系史的研究。

　　再者，从史实发生的场域来看，19 世纪中叶，法国巴黎外方西藏传教会
进藏活动不仅涉及到当时位于青藏高原东缘中国内地之四川、云南等西南多
民族聚居地区，还涉及到喜马拉雅山脉南麓的印度、不丹、尼泊尔等国，同时
还与西方英国在东方的殖民地区有紧密的联系。这一区域长期以来就是东亚、
南亚的热点地区，关乎国际、国内政治、民族、宗教等敏感问题。因此，19 世
纪中叶法国巴黎外方西藏传教会的这场进藏活动具有着十分深刻的跨区域、
跨族群、跨文化、跨宗教特征，与近代以来中国所面临的边疆危机密切相关。
对这一历史进程进行全景式梳理和全方位考察，无疑可以加深我们对 19 世纪
中叶中国西南边疆民族地区以及南亚东北部地区地理、区域、民族、文化等的
认识与理解，可在一定程度上推动近代中国西南边疆领域的研究，甚至可以期
待为当今一些现实问题的处理提供些许历史经验借鉴。

　　最后，近代以来，中西方的接触与互动日益频繁。东西文明的碰撞和交流
是中国近现代史研究的一个重要话题。具体到藏族社会，随着近代西方列强的
不断进入，中国藏区与西方世界的互动也逐渐成为了一个值得关注和讨论的
议题。中国藏区本身又是一个宗教信仰非常浓厚的社会，在它与西方的互动过
程中，宗教的接触是其中一项十分关键且重要的内容。本论文的研究在某种程
度上也可以视作是藏区近现代史在东西方宗教对话方面的一种讨论，对于近

代以来藏区天主教信仰形成过程的认识和理解有积极意义，有利于深化藏族近代史的研究以及对藏区多元宗教格局的认识。

第二节 研究综述

一、国内研究现状

目前，国内学界对天主教传华史的研究主要集中在对中原及沿海一带西方天主教传教团体来华活动的研究上，对我国西南藏族地区天主教传播史的关注和研究尚属薄弱，相关专著只有寥寥几本：佘素先生的《清季英国侵略西藏史》[6]用第一章第一节对 17-18 世纪中叶天主教在西藏的早期传播史实进行了简单述评；伍昆明先生的《早期传教士进藏活动史》[7]一书的考述和论证十分详实，但是该书的研究内容也主要是围绕 17 至 18 世纪中叶早期天主教传教士进藏活动而展开；秦和平先生的《督宗教在西南民族地区的传播史》[8]、韩军学先生的《基督教与云南少数民族》[9]以及他同刘鼎寅先生的著作《云南天主教史》（云南大学出版社，2005 年）等，这些著作文中仅仅述及 19 世纪中叶天主教会重返西藏活动相关历史事件大致的发展脉络，却未能就此展开细致详实的研究；同样简单述及 19 世纪中叶天主教会重返西藏活动史实发展脉络的还有周伟洲先生的《英国俄国与中国西藏》[10]；刘传英老师的《巴塘藏族反教卫国斗争史略》[11]则属于教案冲突研究，主要围绕巴黎外方西藏传教会后期在巴塘的传教活动展开。对巴黎外方西藏传教会于 19 世纪中叶所开展进藏活动这一历史进程，以上著述或未予以太多关注，或未展开进行详实研究，给后来的学者留下了较大的研究空间。

相较于学术著作，国内学界关注并研究天主教藏区传播史的学术论文数量较多。但是，这些论文当中，只有一篇文章针对 19 世纪中叶巴黎外方西藏传教会进藏活动史实局部进行了详实研究，其余的文章要么只是在文中简略提及该段史实的发展脉络，要么是针对 17-18 世纪中叶早期天主教藏区传播史

6 佘素：《清季英国侵略西藏史》，北京：世界知识出版社，1959 年。
7 伍昆明：《早期传教士进藏活动史》，北京：中国藏学出版社，1992 年。
8 秦和平：《基督宗教在西南民族地区的传播史》，成都：四川人民出版社，2003 年。
9 韩军学：《基督教与云南少数民族》，昆明：云南人们出版社，2000 年。
10 周伟洲：《英国俄国与中国西藏》，北京：中国藏学出版社，2000 年。
11 刘传英：《巴塘藏族反教卫国斗争史略》，成都：四川人民出版社，1993 年。

或者 19 世纪后半叶及 20 世纪天主教藏区传播史的研究[12]。

（一）针对 19 世纪中叶法国巴黎外方西藏传教会进藏活动的局部研究

郭净先生曾经撰写并发表《十九世纪中叶法国传教士罗勒拿滇藏传教史略》[13]一文，是国内学界针对 19 世纪中叶巴黎外方西藏传教会进藏活动局部研究较为详实的一篇学术论文。19 世纪中叶，罗马天主教会计划重返中国西藏开展传教活动，并将这一任务交给了法国巴黎外方传教会。后者分别于 1847 年和 1852 年先后两次派遣传教士罗勒拿从中国内地之四川和云南尝试进藏传教。郭净先生的这篇文章不仅述及巴黎外方传教会传教士罗勒拿由川及滇两次进藏活动的经过、结果及影响，还对罗勒拿进藏之后开辟传教社区的活动及其所经历的崩卡教案进行了较为详实的述评。但是，郭净先生的这篇文章主要依据清代档案中涉及罗勒拿的中文史料形成，未使用丰富的相关法文史料，未能挖掘罗勒拿进藏活动的深层次背景及动因。此外，该文将罗勒拿的进藏活动与 19 世纪中叶巴黎外方西藏传教会的进藏活动完全割裂开来，将之呈现为了某个传教士活动的个案，论述因此存在有较大的局限性。

（二）论述中简略述及该段史实的学术论文

国内学界研究天主教藏区传播史的学术论文当中，简略述及 19 世纪中叶

---

12 主要关于 17-18 世纪早期天主教在西藏传播历史的学术论文有：曾文琼的《清代我国西南藏区的反洋教斗争及其特点》（西藏研究，1985 年第 4 期）、朱解琳的《帝国主义对藏区的文化侵略述评》（西北民族研究，1986 年）、王永红的《略论天主教在西藏的早期活动》（西藏研究，1989 第 3 期）及南措姐的《基督教在西藏传播举步维艰原因之刍议》（西藏大学学报，2009 年第 2 期）；关于 19 世纪后半叶及 20 世纪天主教藏区传播历史的研究成果为数不少，其中针对这一时期内先后发生的巴塘教案的研究颇多：徐铭的《清末帝国主义在川边藏区的侵略活动》（西南民族学院学报，1980 年第 2 期）、饶斯丹的《在爱国主义旗帜下——康区藏族人民反对外来侵略维护祖国统一斗阵论略》（西南民族学院学报，1995 年政治思想工作研究专辑）、秦和平的《关于盐井刚达寺驱赶天主教传教士杜仲贤的认识》（西南民族大学学报，2012 年第 1 期）、保罗、泽拥的《盐井天主教史略》（西藏研究，2000 年第 3 期）、刘传英的《巴塘反洋教斗争论纲》（康定民族师专学报，1987 年）、张学君的《巴塘教案与清政府对西藏政策的变化》（中国藏学，1992 年第 3 期）、王炎的《梅玉林事件发生地考实》（中国藏学，1996 年第 1 期）、王晓的《巴塘教案两则述论》（西南边疆民族研究，2012 第 13 辑）、《巴塘教案述论》（民族论坛，2013 年第 10 期）及《晚清巴塘梅玉林案考述》（藏学研究，2014 年第 2 期）等。

13 郭净：《十九世纪中叶法国传教士罗勒拿滇藏传教史略》，《云南民族大学学报》（哲学社会科学版），2016 年第 1 期。

法国巴黎外方西藏传教会进藏活动史实的文章仅有十余篇。因为在对法文史料占有上存在较大的缺环，这些文章中的相关论述较为简略，大多只是勾勒出相关史实发展的大致脉络。

四川大学的冉光荣教授于 1987 发表学术论文《天主教'西康教区'述论》[14]，较为准确地勾勒出 19 世纪中叶天主教会重返中国西藏传教计划形成的大致过程，不仅指出西藏教务是在罗马教廷的主持之下由印度亚格那（Agra）主教（西藏—印度斯坦宗座代牧主教又称亚格那主教——笔者注）转移至法国巴黎外方传教会，还述及巴黎外方四川传教会主教贝罗书（即马伯乐——笔者注）对西藏教务所持的拒绝态度。冉光荣教授的这篇学术论文还提及了西藏教区的教务管辖范围包括康区、仁寿及井研，虽然这并不是当时西藏教区教务管辖范围的全部，但是，这在近代天主教藏区传播史研究领域尚属首次。

周伟洲先生以详实的汉文史料为基础撰写《19 世纪西方探险家、传教士在我国藏区的活动》[15]一文，不仅详细考述了 1846 年遣使会传教士秦噶哔和古伯察擅闯我国西藏拉萨遭遇清政府驱逐事件，还对同一时期巴黎外方传教会传教士罗勒拿和肖法日在川滇藏区的进藏活动进行了详细考证。

四川大学徐君教授于 2004 年在《史林》杂志上发表学术论文《近代天主教在康区的传播探析》[16]。该文章称"1846 年教宗额我略十六世（Grégoire XVI，即格列高利十六世）将原属印度亚格那代牧区的西藏教区划出成立专门的传教区，属巴黎布道会（即巴黎外方传教会——笔者注），委托四川代牧区管理，并责令时任四川教区主教白罗书（即贝罗书，又称马伯乐）研究进入西藏地区传教的可能性和方法"。[17]此即更为详细准确地梳理了 19 世纪中叶天主教会重返中国西藏传教计划的形成过程，为后来的研究学者们厘清了该段史实的发展脉络。

房建昌先生《西藏基督教史》（上）[18]一文对 19 世纪中叶天主教会重返中国西藏传教计划的形成过程只是一语带过，言称，为避免天主教各派的争端，

14 冉光荣：《天主教"西康教区"述论》，《康定民族师专学报》，1987 年。

15 周伟洲、任真，《19 世纪西方探险家、传教士在我国藏区的活动》，载于周伟洲《唐代吐蕃与近代西藏史论稿》，北京：中国藏学出版社，2006 年，第 179 页。

16 徐君：《近代天主教在康区的传播探析》，《史林》，2004 年第 3 期。

17 徐君：《近代天主教在康区的传播探析》，《史林》，2004 年第 3 期，第 63 页。

18 房建昌：《西藏基督教史》（上），西藏研究，1990 年第 1 期。

罗马教廷于 1846 年将我国藏区划为巴黎外方传教会的传教管辖范围。[19]其实，罗马教廷此次将西藏教务转移至法国巴黎外方传教会并非为了避免天主教各派的争端，其目的在于在新的历史时期重启于 18 世纪中叶中断的天主教西藏教务。实际上，反而是此次西藏教务的转移曾在天主教会内部引起严重分歧，这一论述详见下文。虽然对罗马天主教会重返中国西藏传教计划的形成只是略作叙述，房先生在该篇文章中对进藏计划的实施却着墨较多，不仅述及巴黎外方传教会传教士罗启桢（即罗勒拿——笔者注）于 1847 年从四川出发所做的进藏活动尝试，还述及该会传教士葛列克（即克里克 Krick——笔者注）与其同仁蒲利（即布里 Bourry——笔者注）从阿萨姆邦出发所做的进藏活动尝试及其失败结局。但是，该文并未述及罗勒拿由川进藏活动尝试失败之后所做的由滇进藏活动尝试，对巴黎外方西藏传教会由不丹、尼泊尔、锡金、拉达克等地所做的进藏活动尝试亦未提及。

秦和平先生有两篇文章述及 19 世纪中叶法国巴黎外方传教会进藏活动。他的《近代藏区天主教传播概述》[20]一文称，19 世纪中叶，中国天主教保教权转移至法国人手中，西藏教务也于 1844 年从印度亚格那教区转移至巴黎外方传道会（即法国巴黎外方传教会——笔者注）。[21]虽然秦教授并未详细述及天主教传华保教权向法国转移与西藏教务转移之间存在关联，但是将这两个史实放在一起表述很有启发意义。此外，该文还提及法国巴黎外方传教会首位开展进藏活动的传教士罗勒拿及其从四川和云南两次出发开展进藏活动的史实及结局。秦和平教授另一篇学术论文是《近代天主教在川滇藏交界地区的传播——以"藏彝走廊"为视角》[22]，该文对拉萨宗座代牧区设立前天主教西藏传教权向巴黎外方传教会的转移及阻力有所交代，补充了罗勒拿由滇入藏及之后建设崩卡教点的史实。不过，秦先生上述两篇文章的研究重点在于述评天主教会于近代进入藏区后所开展的传教活动，对西藏传教会初创时期的进藏活动相关史实研究着墨极少，只是简略提及了几个相关历史事件发生的时间及主客体，因此给后来者留下了较大的研究空间。

---

19 房建昌：《西藏基督教史》（上），西藏研究，1990 年第 1 期。第 91 页。

20 秦和平：《近代藏区天主教传播概述》，中国藏学，1991 年第 1 期。

21 秦和平：《近代藏区天主教传播概述》，中国藏学，1991 年第 1 期，第 132 页。

22 秦和平、张晓红：《近代天主教在川滇藏交界地区的传播》，西南民族大学学报（人文社科版），2009 年第 2 期。

此外，简略述及 19 世纪中叶法国巴黎外方西藏传教会进藏活动这一历史进程的论文还有：杨健吾的《基督教在四川藏族地区的传播》[23]、刘君的《康区外国教会览析》[24]、坚赞才旦和王晓的《自然、人文地理双重视野下的天主教在康区的早期传播及适应》[25]、向玉成和肖萍的《近代入康活动之部分外国人及其重要史实考述》[26]以及泽拥的《法国传教士与法国早期藏族文化研究》[27]等。

综上所述，国内学界对 19 世纪中叶法国巴黎外方西藏传教会进藏活动史的研究亟待深入。

究其根本原因，这一研究不足的现状与国内学界对法文档案史料占有的严重缺乏以及对法文文献释读存在的巨大障碍有着密切关系。19 世纪中叶开展进藏活动的主体是法国巴黎外方传教会，其遗留下来的相关档案及文献资料主要为法文原档，且主要保存在法国。这些法文历史档案及文献资料对研究近代天主教藏区传播史非常重要。目前来看，国内学界不仅缺乏对原始法文档案文献资料的占有和参阅，而且缺乏熟练掌握法语语言工具的研究学者涉猎这一研究领域。因此，要改变国内学界对这段历史研究的薄弱状况，基于对相关法文原始档案文献资料充分解读基础之上的研究工作已经显得十分迫切。

二、国外研究现状

因为 19 世纪中叶进藏活动的主体是法国的巴黎外方传教会，法国本土学者是国外学界在该研究领域的主力军。较之于国内学者，法国学者具备充分占有法文原档资料和法文文献释读的双重优势，因此产生了一些有深度、有分量的重要研究成果。但是，在这些研究成果当中，对 19 世纪中叶巴黎外方传教会进藏活动这一历史进程较为详实的研究为数不多，绝大部分著述依然主要偏重于对该传教会落脚川滇藏区之后的传教活动及其影响开展研究[28]。较为详

---

23 杨健吾：《基督教在四川藏族地区的传播》，《宗教学研究》，2004 年第 3 期。

24 刘君：《康区外国教会览析》，《西藏研究》，1991 年第 1 期。

25 坚赞才旦、王晓：《自然、人文地理双重视野下的天主教在康区的早期传播及适应》，青海民族大学学报（社会科学版），2013 年第 4 期。

26 向玉成、肖萍：《近代入康活动之部分外国人及其重要史实考述》，乐山师范学院学报，2013 年第 9 期。

27 泽拥：《法国传教士与法国早期藏族文化研究》，《中国藏学》，2009 年第 2 期。

28 国外关于近代天主教藏区传播史的著述十分丰富，但是其中大部分是对天主教会进入藏区后所开展的传教活动及其影响所做的研究，有朱莉艾特·布泽兰（Juliette

实的研究成果以专著为主，大致可以分为以下两类：

（一）西藏传教会传教史研究的专门著述

巴黎外方传教会史学家——劳内（Adrien Launay，又译为陆南，洛内）[29]
著有《西藏传教史》（《Histoire de la Mission du Thibet》）[30]一书。劳内先生本身
是法国人，又是巴黎外方传教会专门负责该会档案史料管理的神父，因而在研
究资料上占据了他人无法比拟的优势。《西藏传教史》一书的撰写就充分利用
了巴黎外方传教会档案馆关于近代天主教藏区传播史的馆藏资料。全书分上下
两册，在引用大量教廷谕令、传教士信件等原始档案史料的基础之上，用七个
章节来论述 19 世纪中叶巴黎外方传教会进藏活动的历史过程，其详实程度迄
今为止无人超越。但是，劳内先生法国人及其教会神父的身份在给他提供研究
便利的同时，也不可避免导致了他研究的局限性，使他在研究过程当中无法跳
开其法国人及教会神父的视角，始终站在法国国家及天主教会的立场之上，导
致他对一些史实的评价有失客观和公允。一例：1848 年 3 月，巴黎外方传教会
传教士罗勒拿违背中法《黄埔条约》第 23 款"禁止外国人越界五口远入内地"
之约定，潜入我国西藏察木多（今西藏昌都——笔者注），驻地清廷官兵将之擒
获，随后，驻藏大臣穆腾额和川督琦善依照清廷之命将罗勒拿遣送回广州，交
由法国驻华公使陆英收管。当时，包括巴黎外方传教会一些传教士在内的一批

Buzelin）的《被遗忘的殉教者们》（Les martyrs oubliés du Tibet）、古纯仁（François
Goré）的《西藏禁门三十年》（Trente ans aux portes du Thibet interdit）、让·巴考
（Bacot. J.）的《盐井周围的藏边》（Dans les Marches tibétaines, autour du Dokerla）、
费尔南德·柏德利（Ferdinand Baudry）的《西藏代牧区主教——约瑟夫·肖沃的一
生》（Vie de Mgr Joseph Chauveau, vicaire apostolique du Thibet）、光若翰（Guébriant）
的《对巴黎外方传教会主教及神父们的一次走访》（Une visite aux évêques et prêtres
de la Société des Missions Etrangères de Paris）等。

29　劳内（Adrien-Charles LAUNAY）（1853-1927），又译为陆南，法国巴黎外方传教会
史学家，担任巴黎外方传教会档案馆馆长一职期间，充分利用该会馆藏档案资源著
有包括《外方传教会通史》（Histoire Générale de la Société des M.E.P., Paris:Téqui,
1894.）以及《贵州传教史》（Mission du Kouy-Tcheou（3 vol.），Vannes: La folye frères,
1907.《西藏传教史》（Histoire de la Mission du Thibet（2 vol.）Paris: Les Indes Savantes,
2001.）《广东传教史》（Mission de Kuang-Tong, Paris: Téqui, 1917.）《广西传教史》
（Mission de Kouang-Si, Paris: Téqui, 1903.）《印度传教史》（Histoire des Missions de
l'Inde（5 vol.），Paris: Téqui, 1898.）等巴黎外方传教会海外传教史丛书。参见 Notice
bibliographique de Adrien-Charles LAUNAY, Archives des missionnaires des M.E.P.,
N.1325.

30　A. Launay, Histoire de la mission du Thibet,（2vol.），Paris: Les Indes Savantes, 2001.

法国人以"西藏只是受中国保护而非中国领土"为由，强烈抗议清政府逮捕并驱逐罗勒拿。[31]劳内同上述法国人的错误观点保持了高度一致，也认为清廷无权依据条约驱逐进入中国西藏的法国人。[32]又一例：19 世纪中叶，罗马教廷决定重启西藏教务之际，由于对当时天主教传华形势的不同解读，天主教会内部针对这一计划曾经产生支持和反对"进藏传教"两派。受罗马教皇谕令筹建西藏传教会的马伯乐是"反对阵营"的代表人物，而被马伯乐派遣承担首次进藏活动任务的传教士罗勒拿则属于支持重返中国西藏传教一派。1847 年 6 月至 1847 年 8 月之间，马伯乐与罗勒拿共同商讨如何实施进藏计划。期间，二人曾就进藏路线、进藏步骤及第一个传教点的选址等问题产生严重分歧。[33]劳内《西藏传教史》一书对二者之间的巨大分歧则只用"罗勒拿只是不完全赞同四川代牧主教（马伯乐——笔者注）的看法"一语带过。[34]1848 年 1 月，罗勒拿潜至西藏察木多之时被清廷官兵逮捕，后依照中法《黄埔条约》第 23 款之约定被遣送回广州，天主教会首次进藏活动失败。面对这一结局，马罗二人更是各自写信给巴黎总部，互相之间口诛笔伐矛盾极深。[35]对马伯乐同罗勒拿之间围绕首次进藏活动所产生的激烈矛盾，劳内《西藏传教史》一书选择了完全"失忆"，对此只字未提。因为法国人及其教会神父的身份，劳内很难完全站在客观公允的立场之上来正确地评价这段历史，他更倾向于来替法国和天主教会说话，使用对法国和天主教会有利的史料的同时弃用那些对法国和教会不利的史料。此书中类似这样的情况很多，也是劳内这一研究著作的硬伤所在，影响了《西藏传教史》一书的研究价值。

教会之外的法国学者也有对 19 世纪中叶巴黎外方传教会进藏活动进行一定的研究。南特大学教授劳航·德载（Laurent Deshays）著有《西藏（1846-1952）——知难不退的传教士们》（Tibet（1846-1952）——les missionnaires de l'impossible），该书对 1846 年至 1952 年间天主教会藏区传播史进行了几

---

31 A. Launay, Histoire de la mission du Thibet, tome 1, Paris: Les Indes Savantes, 2001, pp.88-97.

32 A. Launay, Histoire de la mission du Thibet, tome 1, Paris: Les Indes Savantes, 2001, pp.96-97.

33 A. M. E., vol.556, M. Renou aux directeurs des Seminaire des M.E.P., Hong-Kong, le 29 août 1849, pp.51-61.

34 A. Launay, Histoire de la mission du Thibet, tome 1, Paris: Les Indes Savantes, 2001, p.77.

35 A. M. E., vol.556, M. Renou aux directeurs des M.E.P., Hong-Kong, le 28 décembre 1848, pp.11-14.

乎是全景式的评述。[36]但是，该书只用第二章"先锋时代（Le temps des pionniers）"简单勾勒出 19 世纪中叶天主教会重返西藏传教计划的形成与进藏活动的实施历史进程发展脉络，相关论述过于简略，相同的研究对象，相同的字体和开本，劳内用了七个章节 252 页的内容来进行论述，而劳航·德载却只用了 29 页。如果说论述内容的容量并不能作为判断论述详略的唯一标准，那么论述过程中引用史料的多寡却很能说明问题。以劳航·德载该著作中相关论述所引用的史料为例，19 世纪中叶天主教会重返西藏传教计划的形成与进藏活动实施的主体是巴黎外方传教会，而承载这段史实的原始史料主要是该会传教士们之间以及他们与罗马教廷之间的往来信件，然而，在对这段史实的相关论述当中，劳航·德载直接引用巴黎外方传教会馆藏相关档案只有 30 余处，涉及信件仅 10 封左右。[37]缺少重要原始史料支撑的论述和结论难免失之漏弊。除此之外，身为法国人的劳内在《西藏传教史》一书中出于法国立场存在一些错误言论，同是法国人的劳航·德载在其相关论述中也存在同样的错误言论，认为中国只是西藏的"宗教保护国（religieux-protecteur）"，清廷无权在察木多逮捕并驱逐罗勒拿。[38]这些错误言论的负面影响甚巨。因此，从原始档案和历史事实出发，对类似出于有意或无意的错误论述和观点予以纠正，目前这一工作显得十分必要和迫切。

另外，法国学者弗朗索瓦兹·夫库耐·布泽兰（Françoise Fauconnet-Buzelin）于 1999 出版著作《希望的传播者——南藏传教会（1848-1854）》[39]（Les porteurs d'espérance-La Mission du Tibet-sud（1848-1854）），对 1848-1854 年巴黎外方传教会传教士克里克（Krick）与布里（Bourry）在印度东北部的阿萨姆邦所做进藏活动尝试进行评述[40]；同一作者于 2012 年出版《被遗忘的西藏殉教者（1855-1940）》（Les martyrs oubliés du Thibet（1855-1940）），

---

36 Laurent Deshayes, *tibet（1846-1952）les missionnaires de l'impossible,* Paris: les Indes savantes, 2008.

37 参见 Laurent DESHAYS, *tibet（1846-1952）les missionnaires de l'impossible,* Paris: les Indes savantes, 2008, pp.27-55 注释。

38 Laurent Deshayes, *tibet（1846-1952）les missionnaires de l'impossible,* Paris: les Indes savantes, 2008. pp.36-39.

39 书名中的"希望"，即基督教的三德"信、望、爱"当中的"望"。

40 François Fauconnet Buzelin, *les Porteurs d'Espérance-La Mission du Tibet-sud（1848-1854）,* Paris: les Editions du Cerf, 1999.

以纪念近代为进藏传教而殉道的传教士们。[41]另一位法国学者朱莉艾特·布泽兰（Juliette Buzelin）著有《西藏乐土——尼古拉斯·克里克的旅行日记》（Tibet Terre Promise: Le Journal de Voyage de Nicolas Krick（1851-1852）），对克里克个人在 1851-1852 年之间由印度东北部阿萨姆邦所做的进藏活动尝试进行述评。[42]弗朗索瓦兹·夫库耐·布泽兰和朱莉艾特·布泽兰的上述著作是针对 19 世纪中叶巴黎外方传教会进藏活动史实的局部研究。此外，有必要指出的是，这两位学者相关研究结论当中同样存在立足于法国和欧洲教会角度的错误言论，相关著述不乏偏颇之处。

　　法国学者施帝恩（Stéphane le Gros）的《"商人型传教士"的新型宗教：法国天主教传教士在滇西北的早期活动（1846-1865）》是国外学界针对 19 世纪中叶巴黎外方传教会进藏活动这一历史进程局部史实研究较为详实的一篇学术论文。[43]由于研究主题及研究视角的原因，法国学者施帝恩的这篇文章着重研究巴黎外方传教会进入中国西藏并落脚滇藏边地之后所开展的传教活动，通过当地民众对天主教传教士及其引入新宗教的反应，揭示当时滇西北汉藏边地复杂的族群关系以及外来宗教——天主教对当地政治和宗教所产生的影响。[44]该文章确切指出了天主教会的首要目标是到达拉萨并促使藏民皈依天主教，却对其最终选择落脚滇藏边地的原因解释为汉藏政治关系之动荡阻碍其深入西藏腹地，实际上，当时天主教会不能深入西藏腹地的阻力主要来自清政府禁止外国人"越界通商五口进入中国内地"的外交禁令。[45]

---

41 Françoise Fauconnet-Buzelin, *Les martyrs oubliés du Thibet, chronique d'une rencontre manquée （1855-1940）*，Paris: les Editions du Cerf, 2012.

42 Juliette Buzelin, *Tibet Terre Promise: Le Journal de Voyage de Nicolas Krick （1851-1852）*，Paris: Eglise d'Asie, 2001.

43 施帝恩（Stéphane le Gros）著，尼玛扎西、刘源译，彭文斌校：《"商人型传教士"的新型宗教：法国天主教传教士在滇西北的早期活动（1846-1865）》，《西南民族大学学报》（人文社会科学版），2011 年第 1 期。

44 该文章只是交代了近代天主教会重返西藏计划形成的时间及实施的主体，称教皇格列高利十六（Grégoire XVI）世于 1846 年成立"西藏使徒代牧区"并将之交给巴黎外方传教会管理，却并未述及该计划形成的具体过程；对于进藏计划之实施，该文章称，巴黎外方传教会的一些传教士们从不丹和锡金的进藏尝试失败之后，罗勒拿假扮商人从云南入藏，未提及该会主要在中国内地之四川及印度阿萨姆邦开展的进藏尝试活动。

45 基于 1844 年与法国政府签订的《黄埔条约》第 23 款之规定，清廷于当时禁止传

（二）传教士游记及传记

除以上列出的学术研究成果之外，还有一些传教士日记、传记及游记述及 19 世纪中叶法国巴黎外方传教会进藏活动的历史。梅斯纳尔德（Mesnard）神父撰写《巴黎外方传教会的查尔斯·罗勒拿——西藏传教会的奠基者及宗座监牧》（Le père Charles Renou de Vernante, des Missions Etrangères de Paris, Fondateur et Préfet Apostolique de la Mission du Thibet），记述了巴黎外方西藏传教会首位进藏传教士罗勒拿的生平及其对创建西藏传教会所做出的贡献，尤其对罗勒拿由川滇两省出发所做的进藏活动做了详细述评。[46]西藏传教会传教士奥古斯特·德高丹（August Desgodins，又译为丁德安）神父著有《在西藏——传教会三十四年回忆》（Au Thibet, souvenirs de trente-quatre ans de Mission）及《西藏传教会简介》（Exposé sommaire de la mission du Thibet），对他加入西藏传教会以来该传教会的发展进行了阶段性总结和回顾。[47]奥古斯特·德高丹的胞弟 C. H. 德高丹（C. H. Desgodins）撰写《西藏传教会 1855-1870》（La Mission du Thibet de 1855-1870），该书以游记的形式记述了传教士奥古斯特·德高丹 1855-1870 年间为天主教进入西藏所做的努力。[48]噶斯东·格拉图兹（Gaston Gratuze）著有《西藏传教会的先锋——奥古斯特·德高丹》（Un pionnier de la Mission tibétaine--le père Auguste Desgodins）[49]，讲述了传教士德高丹的生平及其作为西藏传教会的传教士所开展的传教活动。传教士克里克著有《1852 年西藏之行游记及 1853 年阿波尔人部落游记》[50]，记

教士越界五口通商口岸进入中国内地。参见王铁崖：《中外旧约章汇编》第一册，北京：三联书店，1957，第 62 页。

46 Mesnard, *"Le père Charles Renou de Vernante, des Missions Etrangères de Paris, Fondateur et Préfet Apostolique de la Mission du Thibet"*, *Les Missionnaires Angevins du XIXe siècle,* Angers: P. Denoës, 1904, pp.1-40.

47 Auguste Desgodins, *Au Thibet, souvenirs de trente-quatre ans de Mission,* Paris, Société de Géographie n*VI, 1890; Desgodins Auguste, *Exposé sommaire de la mission du Thibet,* Bulletin de la Société de Géographie de l'Est, Nancy, vol.I, 1879.

48 C. H. Desgodins, *La Mission du Thibet de 1855-1870*，Verdun: Imprimerie de CH. Laurent, 1872.

49 Gaston Gratuze, *Un pionnier de la Mission tibétaine--le père Auguste Desgodins,* Paris: Apostolat des Editions, 1968.

50 Nicolas Krick, *relation d'un voyage au Thibet en 1852 et d'un voyage chez les Abors en 1853*，Paris: Auguste Vaton, 1854.

述了他自己于 1852 年和 1853 年为天主教会由印度阿萨姆邦进入西藏所做的尝试。以上著述对研究天主教会于 19 世纪中叶重返西藏传教活动可以提供一定的参考，但是其游记和传记的性质在一定程度上影响了其史料参考价值。

通过梳理国内外学者对 19 世纪中叶法国巴黎外方传教会进藏活动历史进程的研究成果，可以看出该领域国内外学界相关研究的严重不足。因为原始法文档案研究资料占有上的缺失以及法文史料释读上的语言障碍，国内学界虽然十分关注并重视该段历史，相关研究却或者一笔带过，或者语焉不详，未能对相关史实予以全面研究和深入解读；国外学界虽然在史料占有和释读上占具双重优势，却又常常只从其西方世界及教会的立场出发，很难对相关史实做出相对客观公允的论述。基于超越国内相关研究局限性及国外相关研究片面性的目的，作者试图利用自己所掌握的法语语言工具优势，细致爬梳法文原始档案等文献资料，同时力图超越世界观及立场的局限，对 19 世纪中叶法国巴黎外方传教会进藏活动历史进程进行全景式叙述和全方位深入研究，从而在一定程度上改变和突破国内外学界相关研究领域目前存在的薄弱状况和偏颇局限。

第一章　17-18 世纪中叶天主教修会早期进藏传教活动

15 世纪起，葡萄牙、西班牙等早期欧洲海上强国逐步掀起到海外开拓殖民地的浪潮，欧洲的天主教传教团体及其传教士们也随之大规模走向海外。葡萄牙于 1510 年占领印度果阿（Goa）及其部分西海岸，在果阿建立总督府，葡萄牙天主教修会——耶稣会（les Jésutes）很快也随之进驻果阿。1581 年，旅居印度莫卧儿帝国的葡萄牙耶稣会传教士蒙塞拉特（Montserat）在一次跟随阿克巴大帝外出巡视途中，在旁遮普的卡拉瑙尔（Kalanaur）听当地人讲述，孟加拉以东、喜马拉雅山脉另一侧居住有一名为"博坦"（Bothant / Bothi）的民族，所信奉宗教与基督教在教义、仪轨等许多地方都很相似，从此便传言喜马拉雅山脉另一侧可能生存有信仰基督教的民族。[1] 正是在这一传言的激励下，天主教藏区传播活动的序幕被拉开。

第一节　早期进藏传教活动概述

17 世纪初至 18 世纪中叶，一部分欧洲传教士分两个阶段先后进入中国西藏传播天主教，被视为天主教会（l'Eglise）的早期进藏传教活动。这些早期进入西藏传教的欧洲传教士分属两个不同的天主教传教团体——耶稣会和嘉布遣会（les Capucins）。其中，在印度果阿（Goa）教省和马拉巴（Malabar）教省活动的耶稣会传教士们是进藏传教活动第一个阶段的主体，包括以安德拉

1　伍昆明：《早期传教士进藏活动史》，北京：中国藏学出版社，1992 年，第 55-60 页。

德为首的果阿教省耶稣会传教士们（下文称果阿耶稣会——笔者注）在西藏古格（今西藏阿里一带——笔者注）地区（1624-1635）、以卡塞拉（Cacella）和卡拉布尔（Cabral）为首的马拉巴教省耶稣会传教士（下文简称马拉巴耶稣会——笔者注）在西藏日喀则地区（1628-1632）；进藏传教活动第二个阶段的主体是意大利嘉布遣会，该会在西藏的活动持续时间较长，从1704到达拉萨至1745完全撤离，前后断断续续经历了41年。[2]意大利耶稣会也曾参与第二个阶段的进藏传教活动，该会传教士德西德里曾于1716年至1721年在拉萨短暂传教。

一、第一阶段的进藏传教活动

一直以来，亲履西藏证实蒙塞拉特听到的关于"博坦"民族信仰基督教的传言对于天主教会来说都很重要，关系到新教区的开拓以及教会势力发展，如果这一传言被证实，那么罗马天主教会就会增添新成员，如果西藏没有基督徒，就要使之归化。[3]

（一）扎布让传教会

最早到达中国西藏并开展传教活动的是以安德拉德为首的印度果阿教省耶稣会的传教士们。在一次陪同莫卧儿帝国皇帝贾汉吉尔出巡过程中，安德拉德神父从一队要到位于德里东北一座印度庙朝圣的香客处得知，从这座印度庙宇继续向前走就可以到达传言"有基督徒"的西藏，他甚至来不及向果阿耶稣会会长请示便决定前往西藏一探究竟，他的打算是，如果关于"博坦"民族信仰基督教的传言得到证实，就要让他们回归天主教会的大家庭，如果他们不信仰基督教，就要使之归化。[4]

安德拉德一行于1624年3月30日从阿格拉（Agra）出发，经德里（Delhi）翻高山、穿峡谷、跨河流到达克什米尔首都斯里那加（Srinagar），在穿过一自然条件极其恶劣的荒漠之后，从位于西藏阿里地区南边的马纳山口翻越喜马拉雅山；高耸的喜马拉雅山上，道路十分艰险，此外，持续的暴风雪使安德拉德一

2　参见伍昆明：《早期传教士进藏活动史》，北京：中国藏学出版社，1992年。

3　伍昆明：《早期传教士进藏活动史》，北京：中国藏学出版社，1992年，第121页。

4　伍昆明：《早期传教士进藏活动史》，北京：中国藏学出版社，1992年，第119-120页。

行几乎寸步难行,他们最终于 1624 年 8 月抵达当时的西藏地方政权——古格王国的首都扎布让(Caparangue,位于今西藏阿里扎达县境内——笔者注)。[5]到达扎布让后,安德拉德在古格国王犀扎西查巴德处证实,当地并无传言中所说的基督徒,传教士们便决定留下来向古格国王及其臣民宣播基督教。[6]

按照耶稣会一贯"走上层路线"的传教策略,安德拉德一行首先打算设法取得古格王室对基督教的肯定和支持。他们主动接近古格国王,除了向其宣传基督教教义的正确性之外,还对藏传佛教予以激烈抨击,恰巧当时的古格王与以其弟、叔父、叔祖为首的黄教寺院僧人集团之间存在尖锐的政治矛盾,鉴于此,古格王产生了利用基督教抗衡喇嘛黄教的想法。[7]因此,安德拉德一行的传教活动很快便获得了古格王室的支持。在随后的几年里,以安德拉德为首的耶稣会传教士们针对古格王室成员及古格百姓取得了一些传教成绩,他们不仅在首都扎布让修建了西藏第一座天主教堂,还在离扎布让约 200 公里的日土设立了另一个传教站,教徒人数最多时至 400 余人。[8]

天主教传播所取得的成绩对藏传佛教利益集团形成了严重警示,致使其坚决抵制耶稣会传教士们在当地的传教活动;1630 年,黄教寺院集团发动武装暴动推翻了古格王犀扎西查巴德的统治,失去了靠山的古格传教会同时遭受到严重打击,扎布让和日土的传教站几近完全被摧垮。[9]果阿耶稣会不甘心就此结束在藏传教活动,于 1635 年初派遣以科勒斯玛(Coresma)为首的 7人小组奔赴扎布让,以对那里的传教会形成援助,最终只有科勒斯玛与一位名叫科里亚(Correa)的传教士最终抵达扎布让,其他五位当中,两人死在

---

5 A. Launay, *Histoire de la mission du Thibet,* tome 1, Paris: Les Indes Savantes, 2001, p.23. 伍昆明先生不认同劳内、古伯察等人"安德拉德到达的是克什米尔的首都.斯里那加"的观点,而认为他到达的是加瓦尔王国的首都斯里那加,但是他并没有进一步佐证自己的说法。参见伍昆明:《早期传教士进藏活动史》,北京:中国藏学出版社,1992 年,第 125-126 页。

6 A. Launay, *Histoire de la mission du Thibet,* tome 1, Paris: Les Indes Savantes, 2001, p.27.

7 伍昆明:《早期传教士进藏活动史》,北京:中国藏学出版社,1992 年,第 135-141。

8 伍昆明:《早期传教士进藏活动史》,北京:中国藏学出版社,1992 年,第 161-167页。

9 特别是古格国王的弟弟和叔叔,他们被特别委派去劝说国王远离基督教,使之放弃领洗的决定;他们对国王做了这样的劝说"如果一个刚刚到达六个月的外国人可以使他(国王)抛弃父辈的信仰而去拥抱一个他并不真正明白的宗教的话,那将是何等的耻辱……"参见 A. Launay, *Histoire de la mission du Thibet,* tome 1, Paris: Les Indes Savantes, 2001, p.29.

途中，三人病倒。[10]到达西藏的传教士们在扎布让的传教活动举步维艰。同年年底，扎布让当局勒令耶稣会传教士科勒斯玛和另一名传教士马科斯（Marques）撤出古格地区；迫于古格当局的压力，果阿耶稣会会长塔瓦勒兹（Tavarez）在同诸神父商议之后同意关闭古格传教会，理由有两点：1. 西藏人民未能跟上传教士的工作；2. 果阿不能提供足够的物资给古格传教会。[11]传教士们随后撤出古格地区，扎布让传教会被彻底关闭。

然而，果阿耶稣会并不甘心失败，曾几次尝试派传教士重返扎布让。首先是果阿耶稣会会长塔瓦勒兹并不愿意放弃古格传教会，他于 1636 年先后派三位神父进驻克什米尔首都斯利那加，以伺机返回扎布让传教，未果；其次，印度有一部分耶稣会传教士对古格传教会被关闭的结果不满，写信给罗马耶稣会总长穆奇奥，要求重振古格传教会；穆奇奥赞同这一提议，责成果阿耶稣会重振古格传教会，四位传教士因此被派驻斯利那加以伺机重返西藏，却受阻于扎布让当局，最终未能重启古格传教会。[12]

（二）日喀则传教会

在古格境内活动期间，安德拉德听说扎布让东面有一个名叫"卫藏"的地区，是整个西藏和喇嘛教的中心，于是写信给果阿耶稣会会长，请他建议马拉巴耶稣会会长拉埃尔西奥（Laercio）神父派传教士前往孟加拉以东更远的地方开辟新的教区。[13]几乎就在同一时期，拉埃尔西奥从中亚来的商人那里听说，西方人探寻已久的震旦就在"喜马拉雅山另一侧与西藏接壤的地区"，于是命卡塞拉（Cacella）、卡布拉尔（Cabral）等传教士经由西藏前往震旦。[14]

受命经由西藏寻找震旦，1626 年 3 月，马拉巴教省耶稣会传教士卡塞拉神父、卡布拉尔神父及丰泰伯纳修士（Fontebona）从印度马拉巴教省出发，前往西藏。以上三人当中，除丰泰伯纳因病在途中离世之外，卡塞拉和卡布拉尔经达卡（Daca）、库奇-比哈尔（Kuch Bechar）、库奇-哈约（Kuch Hajo）、不丹，于 1628 年正月抵达西藏日喀则。[15]耶稣会的传教士们称，他们在到达

---

10 佘素，《清季英国侵略西藏史》，北京：世界知识出版社，1959 年，第 3 页。
11 伍昆明：《早期传教士进藏活动史》，北京：中国藏学出版社，1992 年，第 249 页。
12 朱解琳：《帝国主义对藏区的文化侵略述评》，《西北民族研究》，1986 年，第 292 页。
13 曾文琼：《清代我国西南藏区的反洋教斗争及其特点》，《西藏研究》，1985 年第 4 期，第 49 页。
14 伍昆明：《早期传教士进藏活动史》，北京：中国藏学出版社，1992 年，第 279 页。
15 佘素，《清季英国侵略西藏史》，北京：世界知识出版社，1959 年，第 4 页。

日喀则后受到了当政者藏巴汗的欢迎和支持，再加上对震旦信息打探进展得很不顺利，他们便决定暂时留在当地创建日喀则传教会。[16]但是，日喀则传教会在创建后并未存续太长时间，卡塞拉神父于 1630 年死亡，之后，唯一留守日喀则的传教士卡布拉尔也于 1632 年离开日喀则；次年，日喀则传教会被宣布正式关闭。1630 年扎布让暴动后，果阿耶稣会传教士科勒斯玛于 1635 年赴扎布让做调查，其随后形成的调查报告中明确指出，三点原因导致日喀则传教会最终被关闭：1. 危险太大；2. 成功希望太小；3. 国王只想从传教士那里得到礼物。[17]可见，非常有可能藏巴汗并非真正欢迎传教士们，至少他没有保持最初对传教士们的欢迎态度，他看重的只是后者能提供给他的"洋"礼物。再者，由于当时藏巴汗与格鲁派之间存在深刻的政治矛盾，导致当时的西藏地方政局很不稳定，这种情况下，传教士们的处境自然十分危险，传教工作也无法得以正常展开。

果阿耶稣会和马拉巴耶稣会的传教士们完全撤出西藏标志着天主教早期进藏活动第一个阶段的结束。

二、第二阶段的进藏传教活动

在第二个阶段，天主教在西藏的传播不再是某个传教修会单方面的自发活动，而是在天主教会海外福传事务最高管理机构——罗马教廷传信部[18]的主导之下得以开展；这一阶段内，虽然也有意大利耶稣会传教士进藏传教，但是，该阶段在藏传教的主体不再是耶稣会，而是意大利的嘉布遣会，上述两个传教团体之间甚至还爆发过西藏传教权之争；值得注意的是，该阶段内

---

16 有的学者认为藏巴汗支持传教士是因为后者向他提供了丰厚的礼物，有的学者则认为是藏巴汗背后的藏传佛教噶玛噶举派想利用基督教对抗格鲁派黄教势力集团。参见余素，《清季英国侵略西藏史》，世界知识出版社，1959 年，第 5 页；伍昆明：《早期传教士进藏活动史》，北京：中国藏学出版社，1992 年，第 286-289 页。

17 G. M. Toscano, *La Prima Missione Cattolica nel Tibe, p.205.* 转引自伍昆明：《早期传教士进藏活动史》，北京：中国藏学出版社，1992 年，第 294 页。

18 15 世纪末，西班牙加泰罗尼亚的罗勒（Roman Lul）向教皇提议在罗马设立一传教中心，用以管理全球传教事业。1622 年 1 月 6 日，一个由 13 名枢机主教和 2 名高级神职组成的传教委员会成立，同年 6 月 22 日，教皇格里高利十五世宣布正式成立传信部，是为罗马天主教的最高和核心信仰传播机构。传信部成立有二个宗旨：1. 竭力与基督新教和东正教促进合一；2. 在异教徒国家和地区建立传教区，促进传教事业。参见刘国鹏：《梵蒂冈原传信部历史档案馆所藏 1622-1938 年间有关中国天主教文献索引钩沉》，《世界宗教研究》，2013 年第五期，第 101-102 页。

天主教会在藏传教活动的场域移至西藏首府拉萨一带。

（一）意大利嘉布遣会的进藏传教活动

意大利嘉布遣会是天主教会早期进藏传教活动第二阶段的主要修会。但是，最初提出进藏传教请求的却是法国的嘉布遣会。18 世纪初，在印度苏拉特（Surat）活动的法国嘉布遣会传教士们从一些亚美尼亚商人和穆斯林口中听说了喜马拉雅山另一侧有基督徒的传闻，便向罗马教廷申请到印度东北部及西藏开辟新的传教领域，出于教务工作均衡分配的考虑，西藏教务被交给了意大利的嘉布遣会。[19]1704 年 1 月 11 日，罗马教廷传信部颁布教皇克雷蒙十一世（Clement XI）之谕令，在西藏成立宗座监牧区，交由意大利嘉布遣会成立西藏传教会管理其教务。[20]第一批意大利嘉布遣会传教士于 1707 年抵达拉萨。从此，天主教在西藏的传播进入了由意大利嘉布遣会主导的时期。期间，该会曾于 1712 年和 1733 年两次离开西藏后又返回，直到 1745 年从西藏完全撤离，其在藏传教活动大致可以分为以下三个阶段：

1. 1707 年-1712 年

最早到达西藏的两位意大利嘉布遣会传教士是弗朗索瓦·玛利（François Marie）和古瑟普（Giuseppe）。他们于 1704 年 4 月从意大利出发，经印度、尼泊尔、中国西藏的聂拉木及定日，于 1707 年 6 月 12 日到达拉萨。[21]与之前进藏之后立即公开自己欧洲传教修士身份的果阿耶稣会不同，意大利嘉布遣会的传教士们此次到达拉萨后未敢暴露自己的宗教身份，除开展了一些免费的行医活动之外，他们并未开展任何传教活动，言称这样做的目的是为了减少当局和群众对他们的怀疑。[22]由此可见，拉萨当地官民并不欢迎意大利嘉布遣会传教士们来藏。1712 年，嘉布遣会因财源枯竭而撤离西藏。退居印度的传教士们不甘心失败，他们选派多米尼科（Dominico）神父前往罗马，向传信部递交一份长篇报告，言称资金和传教士缺乏是导致前一阶段西藏传教会失败的主要原因，要求大幅度增加经费和传教人员，并在昌德纳戈尔和

---

19 伍昆明：《早期传教士进藏活动史》，北京：中国藏学出版社，1992 年，第 347-352 页。

20 教皇任命意大利嘉布遣会传教士弗朗西斯科（Francesco）为西藏宗座监牧，任命该会另一位神父蒙特齐奥（Mantecchio）为西藏地区宗座传教士，任期为十年。参见 A. Launay, *Histoire de la mission du Thibet,* tome 1, Paris: Les Indes Savantes, 2001, p.32.

21 伍昆明：《早期传教士进藏活动史》，北京：中国藏学出版社，1992 年，第 360 页。

22 伍昆明：《早期传教士进藏活动史》，北京：中国藏学出版社，1992 年，第 361 页。

拉萨之间的巴特那、加德满都等地增设传教站以作为进出西藏传教士们的中转站。[23]多米尼科神父的提议在传信部的研究会议上遭到很多人的反对，他们认为西藏传教会地处偏远，路途艰险，以往传教士们到那里去传教付出的代价与最终收效不成比例，今后是否能成功亦无信心，因此不建议再度进藏传教。[24]传教士们撤回印度时，遇到了一位名叫弗朗索瓦·拉以内（Francois Laynez）的主教，他给教廷传信部写了一封信，请求罗马增加人力物力给养以恢复西藏传教会。[25]多米尼科神父的请求再加上拉以内主教的帮助，使得罗马教廷最终决定将派往西藏的传教士增加至 12 名并向西藏传教会拨款罗马货币 1000 埃矩（Ecus）；为保证西藏传教会的传教士与欧洲之间的联络，罗马教廷还批准在印度北部的昌德纳戈尔和巴特那、尼泊尔的加德满都以及西藏的塔布建立传教站。[26]这些措施使得西藏传教会面临的传教活动困难得以大大缓解。值得一提的是，教皇克雷芒十一世还专门于 1714 年 1 月 6 日给西藏王（即拉藏汗——笔者注）写了一封信，感谢他对天主教传教士们以优待并请求他对传教士们永远保持良好的态度。[27]罗马教廷所采取的以上逐项措施为嘉布遣会开启其第二个阶段的进藏活动打下了基础。

2. 1716 年-1733 年

1716 年 10 月 1 日，多米尼科、奥拉济奥（Francesco）及乔瓦尼（Giovanni）三位嘉布遣传教士经加德满都及西藏聂拉木到达拉萨公开传教，代表着意大利嘉布遣会在藏活动第二个阶段的开始。

这一阶段，罗马教廷不仅在人力、物力方面给予嘉布遣会大力支持，教皇克雷蒙十二世（Clement XII）亦写信请求西藏僧俗首领对天主教在西藏的传播予以宽容和支持，这使得嘉布遣会的传教士们曾一度与西藏僧俗政要建立良好的互动关系，第七世达赖喇嘛和康济鼐、颇罗鼐不仅颁文准许天主教在西藏公开传播，减轻传教士们的赋税，还批准他们在拉萨修建教堂及僧馆。[28]即便

---

23 伍昆明：《早期传教士进藏活动史》，北京：中国藏学出版社，1992 年，第 375 页。

24 伍昆明：《早期传教士进藏活动史》，北京：中国藏学出版社，1992 年，第 375 页。

25 A. Launay, *Histoire de la mission du Thibet,* tome 1, Paris: Les Indes Savantes, 2001, pp.32-33.

26 伍昆明：《早期传教士进藏活动史》，北京：中国藏学出版社，1992 年，第 376 页。

27 A. Launay, *Histoire de la mission du Thibet,* tome 1, Paris: Les Indes Savantes, 2001, p.33.

28 伍昆明：《早期传教士进藏活动史》，北京：中国藏学出版社，1992 年，第 407-434 页。

如此，1725 年秋还是爆发了拉萨僧众捣毁教堂和僧舍等抵制天主教的事件，据说是因为当年拉萨河河水泛滥成灾，有传言称这是由天主教传教士来藏活动所引起。[29]到了 1730 年，西藏传教会几乎没有什么传教成果，不仅入教者寥寥无几，传教士数量也严重缩减，在册的 16 位传教士只剩下 5 人，这 5 人当中在西藏的只有两人，其他 3 人分散在巴特岗、巴特那和昌德纳戈尔；同时，传教士们的身体素质急剧下降，以致于他们不适合再在高原生活；再者，从西藏传教会第二个阶段传教工作开始之后，连续 18 年未接到来自罗马的信件、汇款和传教士增援，西藏传教会的传教士们再次面临人力、物力以及精神上的三重压力，这使得西藏传教会在藏活动难以为继；1733 年，嘉布遣会的传教士们再次从拉萨撤离，嘉布遣西藏传教会在藏活动的第二个阶段结束。[30]

3. 1741 年-1745 年

第二次撤出拉萨后，在尼泊尔休养的奥拉济奥神父接到罗马教廷的来信，被告知因为财政困难西藏传教会将被裁减人员和经费；嘉布遣会的传教士们既不甘心上一阶段在藏传教活动的失败，也不甘心接受被裁减人员与拨款，派奥拉济奥神父前往罗马向传信部和嘉布遣会总长汇报工作并申述失败原因，论证重返西藏的理由并提出一些必要采取的措施。[31]最初，因为西藏传教会之前的“大投入、小产出”，罗马教廷并不支持奥拉济奥的申诉；后来，奥拉济奥的坚持加上教廷贝鲁加（belluga）枢机主教的支持最终使西藏传教会重新获得了教廷的肯定和支持，除 9 名嘉布遣会传教士被增派往西藏外，传信部还为每一位西藏传教会传教士的路费及年金各增加 80 埃矩。[32]获得罗马教廷的支援后，嘉布遣西藏传教会的传教士们经印度的昌德纳戈尔和尼泊尔的巴特岗于 1741 年重返拉萨，开启了嘉布遣西藏传教会在藏活动的第三个阶段。

第三阶段开始后，嘉布遣西藏传教会在藏传教活动较之于前两次有了很大进步，这不仅源于罗马教廷再次提供的人力、物力支援，更是与西藏当局对待天主教的进一步宽容态度有关。返藏之际，嘉布遣西藏传教会的传教士们携带了教皇克雷蒙十二世为获得天主教在藏传教自由而写给西藏僧俗首领的请

---

29 伍昆明：《早期传教士进藏活动史》，北京：中国藏学出版社，1992 年，第 424 页。
30 伍昆明：《早期传教士进藏活动史》，北京：中国藏学出版社，1992 年，第 444 页。
31 拉萨、宗呐、巴特那、巴特岗及昌德纳戈尔五个传教站的定员被裁减至 5 位传教士，每年拨给的经费由 1000 斯库迪裁减至 500 斯库迪。参见伍昆明：《早期传教士进藏活动史》，北京：中国藏学出版社，1992 年，第 456 页。
32 A. Launay, *Histoire de la mission du Thibet,* tome 1, Paris: Les Indes Savantes, 2001, p.39.

求信，第七世达赖喇嘛和颇罗鼐也因此于 1741 年颁布命令，准许天主教传教士们在西藏自由传教并承诺对他们提供保护。[33]嘉布遣西藏传教会的传教范围和传教势力因此不断得到扩大和加强。[34]

　　出于对传教士们日益增长传教热忱的不满，藏传佛教界与天主教传教士们的对立日益突出，教派冲突一触即发。1742 年 4 月 28 日，一位新入教的天主教徒在向达赖喇嘛献礼物之际，拒绝接受其摸顶；同年 5 月 13 日，一位教名为皮埃尔的新受洗教徒拒绝西藏政府官员对其提出的诵读六字真言的要求；上述两位天主教徒的行为遭到了佛教徒们的强烈抵制，他们请求颇罗鼐下令禁止天主教的传播。[35]在上述事件中，传教士们不仅没有劝导天主教徒们收敛自己的行为，反而还公开表示对他们行为的肯定和支持，称其不仅符合真正上帝之教义，还扬言他人只有效仿天主教徒才能避害；更有甚者，传教士们竟然公开宣扬诸如"达赖喇嘛并非佛祖转世"、"藏传佛教教义皆为迷信"等违背藏民传统信仰并触及佛教集团根本利益的言论。[36]这将西藏僧俗政要彻底推到了对立面上，他们之前对传教士们的优待很快转变成了敌视，颇罗鼐更是明确要求传教士们必须公开宣扬西藏的宗教最好、最完美，否则将取消他们的传教活动自由，这其实等同于向天主教传教士们下达了逐客令，因为在所有天主教传教士眼中只有天主教才是最好和最完美的。嘉布遣会因此于 1745 年关闭其在拉萨和宗呐的传教站，永久性地撤离西藏。[37]

　　嘉布遣会前后在藏活动三十余年，传教成效甚微，在 1745 年撤离西藏之际，教徒数量只有 24 人，其中藏民 20 人，尼泊尔人 2 名，汉人 2 名，天主教会为此寥寥成果却付出了惨重的代价：罗马教廷传信部曾先后 10 次向嘉布遣西藏传教会派出 49 位传教士，其中 5 人因病折返意大利，13 人最后安全返回欧洲，其余 31 人皆死于西藏或者往返途中。[38]究其根本原因，第一、第二阶段，受经济及传教人手缺乏等自身因素的限制，嘉布遣西藏传教会的

---

33 A. Launay, *Histoire de la mission du Thibet,* tome 1, Paris: Les Indes Savantes, 2001, p.41.

34 到 1742 年，西藏传教会拉萨传教站教徒已达到 27 人。此外还有许多家庭准备领洗入教，到教堂听神父讲经并要求洗礼的人一天比一天多。参见伍昆明：《早期传教士进藏活动史》，北京：中国藏学出版社，1992 年，第 480 页。

35 伍昆明：《早期传教士进藏活动史》，北京：中国藏学出版社，1992 年，第 485-492 页。

36 伍昆明：《早期传教士进藏活动史》，北京：中国藏学出版社，1992 年，第 492-500 页。

37 伍昆明：《早期传教士进藏活动史》，北京：中国藏学出版社，1992 年，第 499-501 页。

38 伍昆明：《早期传教士进藏活动史》，北京：中国藏学出版社，1992 年，第 526 页。

在藏活动尚无能力触及西藏传统宗教——藏传佛教的根本利益，天主教对其他宗教的极端排他性尚未显现，佛教对外来宗教的抵制及喇嘛们对天主教传教士们的敌视也暂时得以被表面的和平所掩饰；进入第三阶段，嘉布遣会在藏传教活动得到较大发展并逐渐触及藏传佛教教派利益，西藏僧俗与天主教的对立和矛盾因此而爆发，天主教会在藏传教活动便遭到阻击直至走向失败。

但是，天主教会依然不甘心在藏传教活动的失败，嘉布遣西藏传教会在撤离西藏后并未解散，不仅在尼泊尔的加德满都、巴特岗以及印度的昌德纳戈尔、巴特那等传教站继续活动，后来还在印度的比蒂亚建立了新的传教站，罗马教廷也继续派遣传教士赴上述传教站工作，1748 年至 1807 年间，传信部共计向以上传教站派遣 20 批传教士共计 53 人。[39]

（二）意大利耶稣会传教士德西德里的进藏传教活动及其同意大利嘉布遣会之间的西藏传教权之争

在古格传教会和日喀则传教会被关闭后，耶稣会并未彻底放弃到西藏传教的打算。1643 年，马拉巴教省会长、葡萄牙籍耶稣会神父菲格雷多（Figueiredo）在他写给罗马耶稣会总会长的年度报告中，以本会曾经为到西藏传教付出过巨大代价为由，强烈要求总会长再次支持到西藏传教；但是，总会并未批准他的该项请求。[40]到了十八世纪初，耶稣会巡阅使阿玛拉尔（Amaral）神父在前往果阿教省视察工作之际，再次提出要重建扎布让传教会，这一请求最终获得耶稣会总会长坦布里诺神父（Tambrinu）的批准。[41]不过，此次进藏传教任务的执行者不再是在印度活动的耶稣会传教士，而是来自意大利的耶稣会传教士德西德里（Desideri）。

德西德里和他的同伴弗雷勒（Freyre）的进藏路线大致如下：1712 年 9月 27 日从罗马出发前往葡萄牙的里斯本，在那里乘船经好望角至印度果阿，经苏拉特至德里，从德里开始，放弃之前安德拉德等从马纳山口入藏的路线，绕道拉合尔，翻越高耸陡峭的喜马拉雅山脉到达克什米尔，翻山途中，寒冷

---

39 伍昆明：《早期传教士进藏活动史》，北京：中国藏学出版社，1992 年，第 505-506页。

40 伍昆明：《早期传教士进藏活动史》，北京：中国藏学出版社，1992 年，第 293-294页。

41 伍昆明：《早期传教士进藏活动史》，北京：中国藏学出版社，1992 年，第 530-532页。

的气候和严酷的环境使德西德里差点因患痢疾而死去；1715 年 6 月 20 日德西德里一行到达拉达克首府列城，原本想留在当地传教，由于他的同伴弗雷勒不能适应高寒的气候，执意要从拉萨返回莫卧儿，他们于 1716 年 3 月 18 日来到拉萨。[42]在耶稣会决定重返西藏传教之前，西藏传教权已于 1703 年由罗马教廷传信部授予意大利嘉布遣会。1715 年德西德里到达拉萨之际，先于他到达那里的意大利嘉布遣会恰巧因为给养中断已于 1711 年底暂时撤离西藏。但是，嘉布遣会的传教士们在德西德里到达拉萨几个月之后便从印度返回，双方之间很快便爆发了传教权之争。德西德里认为，耶稣会于 17 世纪初便开始进藏传教，时间上远远早于 18 世纪初进藏传教的嘉布遣会，理应对西藏传教权享有优先权；嘉布遣会则认为，他们进藏传教由罗马教廷授权，"合法"地拥有西藏传教权，双方就此展开激烈争夺并诉至罗马教廷；罗马最后裁决西藏传教权归嘉布遣会掌管，德西德里在争权失败后于 1721 年撤离西藏。[43]

第二节 早期进藏传教活动的动因、特点及影响

17 至 18 世纪中叶天主教传教士的早期进藏活动是天主教会"归化西藏"事务之发端，对其动因、特点及影响进行分析对研究天主教会西藏传教史非常重要。

一、动因分析

（一）西方关于东方基督教"约翰长老"王国的想象

通过上文对天主教会早期进藏活动史实的概述可以得知，无论是耶稣会还是嘉布遣会，他们前往西藏的原动力均来自于"西藏生活有基督徒"的传言：最早进藏传教的安德拉德神父前往西藏的目的是为了证实关于"博坦"民族信仰基督教的传言，如若他们不信仰基督教，就要使之归化；18 世纪初，法国嘉布遣会之所以向罗马教廷提出进藏传教申请，是因为该会在印度苏拉特（Surat）活动的传教士们从一些亚美尼亚商人和穆斯林中口中听说喜马拉雅

---

42 A. Launay, *Histoire de la mission du Thibet*, tome 1, Paris: Les Indes Savantes, 2001, p.33.

43 A. Launay, *Histoire de la mission du Thibet*, tome 1, Paris: Les Indes Savantes, 2001, p.34.

山另一侧生活有基督徒。追根溯源，早期天主教传教士们前往西藏的这一动力源于自中世纪便在西方流传的一个关于"约翰长老"（Prêtre Jean）的传说。这个传说讲述"位居东方最偏远地方"有一个富裕的基督教王国，生活有基督徒的后裔，国王不仅是基督徒，还是一位长老（Prêtre，即天主教神父——笔者注）。[44]中世纪的西方人不仅向往东方的财富，而且希望能有一个像"约翰长老"王国这样的盟友协助他们在"十字军"东征中战胜伊斯兰世界，因此，之后不断有西方人前往东方各处，以寻找传说中的这个基督教王国，未果。[45]1581年，旅居印度莫卧儿帝国的耶稣会传教士蒙塞拉特听说，孟加拉以东、喜马拉雅山脉另一侧居住有一名为"博坦"的民族，所信奉宗教与基督教在教义、仪轨等许多地方都很相似，他认为这个民族很可能就是西方人寻找了数世纪的约翰长老的后裔，或者至少他们是基督徒的后裔。[46]蒙塞拉特及其同伴们将这一消息在教会内部传播开来，从此点燃了天主教会及其传教团体前往西藏一探究竟的梦想，耶稣会和嘉布遣会的早期进藏传教活动均因此传言而启动。因此，西方人对东方基督教"约翰长老王国"的想象和追寻可以被视作早期传教士进藏活动的最原初动因。

（二）天主教会对海外福音传播事务的高度重视

但是，需要注意的是，"到西藏寻找基督徒"绝非促使早期天主教传教士们前往西藏活动的唯一动因。比如耶稣会传教士安德拉德前往西藏的目的就有两个：1. 探查西藏是否有基督徒；2. 如果那里没有基督徒就在当地开展传教活动。[47]再比如，促使法国嘉布遣会申请前往西藏的动因也有两个：1. 探究他们从亚美尼亚商人和穆斯林那里听到的有关喜马拉雅山那边有基督徒的传闻是否属实；2. 到印度东北部和西藏去传教。[48]由此可见，"到西藏去传教"是推动天主教会于当时积极开展进藏活动的又一动因。值得注意的是，在早期

---

44 米歇尔·泰勒：《发现西藏》，北京：中国藏学出版社，2012年，第3页。

45 龚缨晏、石青芳：《约翰长老：中世纪欧洲的东方幻象》，《社会科学战线》，2010年第2期，第82-95页。

46 伍昆明：《早期传教士进藏活动史》，北京：中国藏学出版社，1992年，第55-60页。

47 伍昆明：《早期传教士进藏活动史》，北京：中国藏学出版社，1992年，第121-122页。

48 伍昆明：《早期传教士进藏活动史》，北京：中国藏学出版社，1992年，第347-348页。

进藏活动的第一个阶段，以安德拉德为代表的耶稣会传教士在进入西藏后已经基本探知那里并不存在一个基督教王国，即便如此，在早期进藏活动的第二阶段，以意大利嘉布遣会为主体的欧洲天主教修会依然前赴后继地前往西藏。而且，这一阶段天主教会最高机构——罗马教廷也全面介入进藏活动，不仅主持将西藏传教权交由嘉布遣会掌控，教皇还多次写信给西藏僧俗政要，帮助嘉布遣会争取在藏传教自由权。从耶稣会自发开展进藏传教活动到罗马教廷全面介入西藏教务，这反映出天主教会自下而上对"归化西藏"非常重视。因此，如果说西方人对东方"基督教王国"的追寻是早期传教士开启进藏活动的最原初动因，那么"到西藏去传教"则是天主教会持续开展进藏活动的原动力。

天主教会自下而上积极推进"西藏教务"同当时它对海外福传事务的高度重视不无关系。十六世纪上半叶，欧洲宗教改革（la Réforme）[49]的爆发和蔓延打破了天主教会在西方的宗教"大一统"局面，不同教派的对立（主要指传统的天主教派同所谓新教的路德教派、加尔文教派、再浸礼教派等之间的对立——笔者注）最终导致宗教战争频发，从而在当时的欧洲社会造成极大的负面影响，致使越来越多的欧洲人开始对天主教产生怀疑甚至弃信天主教。[50]这促使天主教会日益重视海外福传事务，要将他们"在欧洲失去的，在海外补回来"。[51]为此，天主教会不惜借力于当时大举向海外拓展其殖民势力的欧洲早期海上强国葡萄牙、西班牙，不断向海外派遣传教修会以推动天主教海外传播活动。

（三）服务于西班牙、葡萄牙海外殖民地的开拓

不可否认的是，服务于西班牙、葡萄牙海外殖民地的开拓是早期天主教传教士们持续开展进藏活动的又一动因。通过对大量教会原始档案史料的研读，伍昆明先生在他撰写的《早期传教士进藏活动史》一书中指出，早期传教士们为传播福音并服务于殖民地开拓而前往西藏。[52]16 世纪起，天主教会借力于当

49　指西方基督教世界爆发于 16 世纪初的宗教改革运动，导致了路德教派、加尔文教派、再浸礼教派等几个新教教派的诞生，代表人物包括马丁·路德、慈运理、约翰·加尔文、门诺·西门斯、雅各布斯·阿民念、约翰·卫斯理等。参见陈钦庄：《基督教简史》，北京：人民出版社，2004 年，第 224 页。

50　以法国为例，宗教改革在法国引起长达 30 多年的"胡格诺战争"（1562-1594），对法国社会的经济、文化等方面造成很大负面影响。参见陈钦庄：《基督教简史》，北京：人民出版社，2004 年，250-256 页。

51　李宽淑：《中国基督教史略》，北京：社会科学文献出版社，1998 年，第 39 页。

52　伍昆明：《早期传教士进藏活动史》，北京：中国藏学出版社，1992 年，序言第 3 页。

时大举向海外拓展其殖民势力的葡萄牙、西班牙而走向海外，因此不可避免地要服务于葡西两国的海外殖民地开拓。以最早开展进藏活动的果阿耶稣会为例，它于十六世纪向印度莫卧儿帝国派遣了三批耶稣会传教士（其中便包括那位听说"博坦"民族传言的蒙塞拉特——笔者注），其主要目的就在于，1. 了解震旦和西藏的确切情况，以便在那里开辟新教区；2. 为葡萄牙及西班牙王室效劳，探索新的殖民地并开辟一条通商中国的内陆航线。[53]

二、特点及影响

（一）早期进藏传教士们的国别

在天主教会早期进藏传教活动的第一个阶段，进藏传教士们主要以葡萄牙籍为主。最早听到并传播关于"博坦"民族消息的蒙塞拉特以及进藏传教的先锋传教士安德拉德、卡布拉尔及卡塞拉都是葡萄牙人。到天主教会早期进藏传教活动的第二阶段，罗马教廷谕令将西藏传教权交给了意大利的嘉布遣会，因此意大利籍传教士占据了葡萄牙籍传教士进藏传教曾经的主力地位，连同在这一时期进入西藏传教的耶稣会传教士德西德里都是意大利人。这一变化的产生很大程度上源于葡萄牙远东保教权的衰落。十六世纪下半叶起，伴随荷兰、英国及法国等新兴海上强国逐渐崛起，早期殖民强国葡萄牙、西班牙的海上霸权日益衰落，葡萄牙远东保教权因此而走向衰微，葡籍传教士们日渐失去其曾经在远东的传教主导地位。[54]

（二）早期进藏传教士们的进藏路线

通过前文的史实梳理，早期进藏开展传教活动的天主教传教士们均是在南亚方向跨越喜马拉雅山脉入藏。早期进藏传教的先锋安德拉德及其同行的传教士们于 1624 年 3 月 30 日从印度阿格拉出发，经德里到克什米尔首都斯里那加，从西藏阿里地区南边的马纳山口翻越喜马拉雅山，于 1624 年 8 月到达我国西藏阿里南部地方政权古格王国的首都扎布让；耶稣会传教士卡塞拉神父、卡布拉尔神父一行于 1626 年 3 月从印度马拉巴教省出发，经过达卡、库奇-比哈尔（Kuch Bechar）、库奇-哈约（Kuch Hajo）、不丹等地，然后跨越喜

---

53 伍昆明：《早期传教士进藏活动史》，北京：中国藏学出版社，1992 年，第 86 页。

54 周萍萍：《清初法国对葡萄牙"保教权"的挑战》，《中国社会科学院研究生院院报》，2002 年增刊，第 108 页。

马拉雅山脉，于 1628 年正月抵达西藏日喀则。到了第二个阶段，传教士们改由欧洲出发经喜马拉雅山脉南麓前往西藏。其中，意大利嘉布遣会传教士们于 1704 年 4 月从意大利出发，经过印度和尼泊尔，翻越喜马拉雅山脉到达西藏的聂拉木及定日，于 1707 年 6 月 12 日进驻拉萨；意大利耶稣会传教士德西德里则是于 1712 年 9 月 27 日从葡萄牙的里斯本出发，经好望角至印度果阿，经苏拉特至德里，绕道拉合尔，翻越喜马拉雅山脉到达克什米尔，再经达拉达克首府列城于 1716 年 3 月 18 日到达拉萨。综上所述，无论是直接从印度出发前往西藏还是从欧洲出发经过印度前往西藏，早期进藏传教的传教士们都是在南亚方向跨越喜马拉雅山脉入藏。尽管喜马拉雅山脉高山上的险途和积雪使进藏的传教士们耗时费力且时常面临生命危险，他们却没有选择从中国西藏的其他方向入藏，比如从中国西藏的北面（新疆、青海）和东面（四川、云南）进入西藏。这与当时天主教传教势力来到亚洲后的分布及其在不同地域内发展的不同境遇有关。

17 至 18 世纪中叶，进藏活动的传教士们之所以选择从南亚方向翻越喜马拉雅山脉入藏，当时统治整个印度中部及北部强大的莫卧儿帝国对来印天主教传教势力的欢迎态度起到了至关重要的作用。几乎在葡萄牙占领果阿和印度西海岸的同时，帖木儿帝国的一支在帖木儿六世孙巴布尔（Babur）的带领下从印度西北部入侵印度次大陆，于 1525 年建立莫卧儿帝国。巴布尔之孙阿克巴大帝 1556 年至 1605 年在位期间，统一了整个印度中部及北部，帝国领土扩展至北至阿富汗、克什米尔，东抵阿萨姆，南达除南印度之外的几乎整个南亚次大陆；为巩固其多民族、多宗教（主要是印度教和伊斯兰教——笔者注）帝国的统治，阿克巴对各种宗教采取兼容并蓄的政策，曾于 1576 年、1590 年及 1594 年先后三次写信给果阿耶稣会，请求其派遣传教士前往印度北部游历，耶稣会的传教士们正是在这些游历当中逐步接近喜马拉雅山脉并听闻西藏有基督教徒生活的传言，由此逐渐产生到西藏探查这一消息并在那里传教的愿望。[55]

于十六世纪初抵达印度果阿之后，葡萄牙殖民势力很快便东进并触及中国东南沿海的澳门等地，天主教传教势力也随之于十六世纪中叶逐步登陆中国，其主体力量为以利玛窦为代表的来华耶稣会。但是，根据其"走上层路线"的传教策略，来华耶稣会将其目标确定为进入当时中国的政治、经济及文化的

---

55 伍昆明：《早期传教士进藏活动史》，北京：中国藏学出版社，1992 年，第 51-86 页。

中心——北京传教。[56]因此，经海路到达中国的耶稣会传教士们的活动轨迹主要是从中国东南海疆向北经中原到达北京，对于中国西部内陆边疆则涉足较晚，从中国内陆西部出发进藏传教的计划也就无从产生。[57]

（三）从第一阶段耶稣会及其传教士的自发行动到第二阶段罗马教廷的全面介入

早期进藏活动第一阶段主要是耶稣会及其传教士们的自发行动。作为 17 世纪最早进入西藏开展传教活动的天主教传教士，安德拉德是在一次陪同莫卧儿帝国贾汉吉尔皇帝（阿克巴大帝的继任——笔者注）出巡之际临时决定前往西藏，他的上级果阿耶稣会会长对此毫不知情。[58]可见安德拉德的进藏活动一开始完全是一种个人的自发行为。在古格首都扎布让停留二十五天之后，安德拉德返回印度，于阿格拉写信就在古格地区开展传教活动请示耶稣会会长安德雷帕尔梅罗神父（P. Andrée Palmiero），后者不仅同意在古格创建传教会，同时还派遣三名传教士前往西藏古格增援安德拉德。[59]同样是在安德拉德的建议下，马拉巴教省耶稣会传教士卡塞拉和卡拉布尔前往西藏日喀则地区开展传教活动。也就是说，正是安德拉德的自发进藏活动激发了耶稣会自下而上"到西藏去传教"的愿望和行动。值得注意的是，欧洲天主教会最高机构——罗马教廷在这一阶段并未介入其中，从某种意义上来说，早期进藏活动第一阶段主要是耶稣会及其传教士们的自发行动。

到了早期进藏活动第二阶段，罗马教廷则始终介入其中。1703 年，罗马教廷主持将法国嘉布遣会申请经营的西藏教务交给意大利嘉布遣会并决定成立西藏宗座监牧区；1719 年，罗马教廷又对耶稣会同嘉布遣会的西藏传教权

---

56 晏可佳：《中国天主教简史》，北京：宗教文化出版社，2001 年，第 38 页。

57 天主教在中国西南地区近藏的川、滇地区发展较晚。1702 年，巴黎外方传教会巴吕埃（Baluere）、白日升（Basset）以及遣使会穆天尺（Mullener）、毕天祥（Loruis）入川，受康熙末年禁教政策的影响，四川教务曾一度举步维艰。受此影响，云南教务则发展更晚，直到 1840 年才从四川教务中分离出来设立独立的代牧区。参见秦和平：《基督宗教在西南民族地区的传播史》，成都：四川出版社，2003 年，第 12 页、第 231 页。另，耶稣会传教士白乃心和吴尔铎曾于 1664 年 4 月 13 日从北京出发，经西安和西宁到达拉萨，但是他们只是在返回欧洲途中路过拉萨，并非以到此传教为目的，不属于本文论述的范畴。

58 伍昆明：《早期传教士进藏活动史》，北京：中国藏学出版社，1992 年，第 119-120 页。

59 伍昆明：《早期传教士进藏活动史》，北京：中国藏学出版社，1992 年，第 142-143 页。

之争做出裁决；此外，不仅罗马教廷曾多次增加在藏传教活动人手及经费，罗马教皇克雷蒙十一世、十二世还曾分别给西藏僧俗政要写信，以帮助嘉布遣会在西藏获得自由传播天主教的权力。

从 17 世纪初耶稣会传教士安德拉德自发进藏传教，到 18 世纪罗马教廷全面介入进藏传教活动，欧洲传教修会在西藏教务上屡战屡败、屡败屡战，充分体现了天主教会自上而下对西藏教务的高度重视。

（四）传教士们在入藏行程中遭遇的多为自然困难

早期传教士们的进藏活动几乎未受到沿途官民的任何阻拦。[60]除受沿途关卡征税及土匪祸患之累外，他们所遇到的主要是一些由喜马拉雅山高路险、气候高寒以及传教士们自身的财力、体力匮乏所致的困难。比如，安德拉德在其《西藏之旅》（Voyages au Thibet）一书中主要讲述了进藏途中所遇积雪以及物资匮乏给他们带来的困难；[61]卡塞拉和卡布拉尔在卢纳德（Runate，今兰加麻迪 Rangamati）翻越群山进入西藏高原之际曾因大雪封山而受阻四个月之余；[62]嘉布遣会曾先后三次进藏传教：第一批到达拉萨的是弗朗索瓦·玛利和古瑟普两位神父，他们路途中遇到的困难主要有两个，其一，沿途被征税太多；其二，供弥撒用的酒坛被野兽打翻差点使他们折返印度；[63]第二批在多米尼科神父的带领下于 1716 年 10 月抵达拉萨，传教士们在进藏途中遇到的困难主要是沿途匪害以及牲畜和行李掉下了悬崖；[64]对于1737 年第三次进藏，竟不见对沿途困难的记载。

（五）传教士们均进入西藏并在当政者支持下开展了一定的传教活动

除个别在途中死亡或因畏惧险途而临阵脱逃之外，早期进藏的传教士们最终均得以进入西藏，第二阶段的传教士们更是得以进驻西藏首府拉萨，而且

---

60 卡塞拉和卡布拉尔虽然在进藏途中曾短暂受阻于不丹王，但是，不丹法王并不是不同意传教士们入藏，而是因为他希望传教士们留在不丹传教。除此之外，早期传教士进藏未曾受到来自沿途官民的阻拦。参见伍昆明：《早期传教士进藏活动史》，北京：中国藏学出版社，1992 年。

61 A. Launay, *Histoire de la mission du Thibet*, tome 1, Paris: Les Indes Savantes, 2001, p.24.

62 伍昆明：《早期传教士进藏活动史》，北京：中国藏学出版社，1992 年，第 268 页。

63 伍昆明：《早期传教士进藏活动史》，北京：中国藏学出版社，1992 年，第 359 页。

64 伍昆明：《早期传教士进藏活动史》，北京：中国藏学出版社，1992 年，第 381 页。

他们或多或少都在当政者的支持下开展了一定的传教活动。如上文所述，在早期进藏传教活动的第一阶段，安德拉德和卡塞拉、卡布拉尔分别到达西藏的扎布让及日喀则；在第二阶段，意大利耶稣会传教士德西德里以及意大利嘉布遣会的传教士们均到达西藏的首府拉萨开展传教活动。据伍昆明先生《早期传教士进藏活动史》一书对教会所存档案记录的考述，在藏传教活动期间，传教士们均与西藏当地僧俗政要围绕传教活动产生过有效互动：第一个阶段，经耶稣会传教士安德拉德的请求，古格国王犀扎西查巴德曾经颁布国王诏书，允许天主教传教士在首都扎布让传教并建立了一座天主教教堂；[65]到达日喀则传教的卡塞拉和卡布拉尔神父也曾获得藏巴汗的热情支持；[66]在第二阶段，传教士们更是深入到西藏的首府拉萨，在罗马教廷的帮助下获得在藏自由传教权利，同时在拉萨及其周围地区开展建堂、传教等活动。[67]

小　结

（一）早期进藏活动在一定程度上促进了西方对中国西藏的了解及中西文化交流

　　早期进藏活动的传教士们是西方人进入中国西藏的先锋。他们不仅通过自己的努力将源自西方的宗教——天主教首次介绍到位于世界屋脊之上的中国西藏，而且在一百多年的时间内，他们多次近距离接触中国西藏及其文化，通过书写信件、游记及编纂藏语与西方语言互译的字典等途径，客观上首次将中国西藏的某些地区（尤其是拉萨——笔者注）较为详细地介绍给了西方。仅以早期进藏传教第二个阶段的意大利籍传教士们为例：意大利耶稣会传教士德西德里于 1716 年抵达拉萨后，学习并了解藏语和藏族文化，不仅翻译了宗喀巴名著《菩提道次第广论》，还撰写《报告》介绍西藏的地理环境、政府组织、农业生产、风俗习惯、历史、哲学和宗教；[68]于 1719 年被任命为西藏传教会会长的弗朗西斯科·奥拉济奥神父（Francesco Orazio）在西

65　伍昆明：《早期传教士进藏活动史》，北京：中国藏学出版社，1992 年，第 139 页。

66　伍昆明：《早期传教士进藏活动史》，北京：中国藏学出版社，1992 年，第 286 页。

67　A. Launay, *Histoire de la mission du Thibet,* tome 1, Paris: Les Indes Savantes, 2001, pp.33-40.

68　卢西亚诺·伯戴克（Luciano Petech）于 20 世纪 50 年代将这部《报告》编著出版。参见弗朗切斯科·赛弗热著，班玛更珠译：《意大利藏学研究的历史与现状》，《中国藏学》，2012 年第 2 期，第 235 页。

藏拉萨生活 20 多年，编写《藏意字典》。[69]早期进藏活动的传教士们对促进西方对中国西藏的了解及中西文化的交流起到了一定的推动作用。

（二）失败的结局与未竟的"事业"

早期进藏活动时期，天主教会虽然得以进入西藏并深入其腹心地带——拉萨开展传教活动，但是其传教成效甚微。在第一个阶段的 1625 年至 1635 年之间，安德拉德带领的果阿耶稣会传教士们在扎布让办理受洗人数不超过 100 人；[70]1745 年，嘉布遣会因西藏僧俗的强烈要求从西藏撤离，该会从 1704 年进藏，在藏时间前后持续长达 41 年，实际在藏时间累计约达 30 余年，期间，领洗成年藏民寥寥无几，传教成果几乎为零。[71]出于天主教会本身的宗教扩张性及其一直以来"到西藏去传教"的持续愿望，"归化西藏"至此已然成为了天主教会一项未竟的"事业"。早期传教士进藏传教活动于 18 世纪中叶结束后，天主教西藏传教会并未解散，而是退守印藏边境，以伺机重返中国西藏传教。19 世纪，伴随英印殖民势力逐步向印度东北部和孟加拉推进，1821 年，罗马教廷谕令成立西藏—印度斯坦宗座代牧区，其宗座代牧主教波尔基（Borghi）于 1841 年上任，之后不久便开始筹谋重启中断一百余年的西藏教务。

69　该字典由弗里德里希·克里斯蒂安（Friedrich Christian）翻译成英文于 1826 年在
　　印度塞兰坡（Serampore）出版，最后定名为《藏语和不丹语词典》。参见弗朗切斯
　　科·赛弗热著，班玛更珠译：《意大利藏学研究的历史与现状》，《中国藏学》，2012
　　年第 2 期，第 235 页。

70　伍昆明：《早期传教士进藏活动史》，北京：中国藏学出版社，1992 年，第 164 页。

71　伍昆明：《早期传教士进藏活动史》，北京：中国藏学出版社，1992 年，第 526 页。

第二章 19世纪中叶天主教会重返中国西藏传教计划的形成及相关纷争

1745年，意大利嘉布遣会完全撤离西藏本土，标志着始于17世纪初的早期传教士进藏传教活动的结束。继而，天主教在中国西藏的传播进入长达一个世纪之余的空白期。尽管罗马教廷于1821年设立了西藏—印度斯坦宗座代牧区，西藏教务却依然处于停滞状态，直至1841年波尔基出任西藏—印度斯坦宗座代牧之后，这一状况才得以开始逐步改变。

第一节 拉萨宗座代牧区的成立及"重返西藏传教"计划的形成

一、重启西藏教务肇始

1846年1月25日，遣使会传教士古伯察（Evariste Huc）和秦噶哔（Joseph Gabet）[1]到达中国西藏首府拉萨，欲在此传教，旋即被驻藏大臣琦善奉清廷之

---

1 秦噶哔（Joseph Gabet）和古伯察（Evariste Huc）属于另一个法国传教修会——遣使会，分别于1835年和1839年到达中国澳门，来华后先后前往中国蒙古传教，1844年8月从蒙古出发向西，跋山涉水进入藏区，并于1846年1月到达拉萨开始传教，旋即被当时的驻藏大臣琦善逮捕并逐出西藏解送广东，交给当时的法国领事北古；事后，秦噶哔和古伯察在他们写给罗马教廷传信部红衣主教菲利普·弗朗索尼（Philippe Fransoni）的信当中宣称，他们历经千辛万苦才到达拉萨，受到

命驱逐出西藏。[2]古伯察和秦噶哗的西藏之旅开启了近代（1845-1951）以来西方人进入藏区的先河。[3]这样看来，他们似乎是近代天主教在西藏传播最早的筹谋者。其实，在秦、古二人进藏之前，西藏—印度斯坦宗座代牧区代牧主教波尔基就已经向罗马教廷提出重启西藏福音传播之主张。[4]但是，对于西藏教务，波尔基并不打算由自己的传教团体亲力亲为，而是欲将西藏教务交给其他的传教团体经营。[5]可能是因为并不知晓古伯察与秦噶哗两位遣使会传教士的西藏之旅，波尔基并未向罗马教廷推荐由遣使会来承担西藏教务，进入了波尔基视线的是当时已在邻近西藏的四川传教经营教务多年的法国巴黎外方传教会。波尔基分离西藏教务给法国巴黎外方传教会的请求很快便获得罗马教廷的肯定回应。之后，波尔基主教专程前往巴黎，与当时巴黎外方传教会的长上们就此事进行磋商。[6]1844 年 8 月 21 日，波尔基签署了一份文件，将西藏教务临时委托给了法国巴黎外方四川传教会，授权该会主教马伯乐向西藏派遣传教士。该文件以波尔基的口吻表述，内容如下：

> 我，弗·约瑟夫·安东尼·波尔基（F. Joseph-Antoine Borghi），西藏—印度斯坦宗座代牧主教，自愿授权中国四川宗座代牧区主教、巴黎外方传教会传教士（马伯乐）派遣他手下的几位法国或者中国传教士到（中国）西藏地区及中华帝国与喜马拉雅山脉之间的地区。对于这位宗座代牧派遣到这些地方的传教士，我允许他们传播福音并行使传教使徒们的所有权利……。[7]

该文件得以签署，这是波尔基代表的西藏—印度斯坦宗座代牧区与巴黎

了拉萨摄政王的欢迎，却遭受到清朝驻藏大臣琦善的逮捕和驱逐。参见 Lettre de Joseph Gabet et Evariste Huc au cardinal Philippe Fransoni, Paris-Rome, août 1847; in Jacqueline Thèvenet, *Joseph Gabet, Evariste Huc，Lettres de Chine et d'ailleurs 1835-1860*, pp.173-179.

2 耿昇：古伯察及其《鞑靼西藏旅行纪》，《西北民族研究》，1989 第 2 期，第 224 页。

3 向玉成、肖萍：《近代入康活动之部分外国人及其重要史实考述》，《乐山师范学院学报》，2013 年第 9 期，第 61 页。

4 A. Launay, *Histoire de la mission du Thibet,* tome 1, Paris: Les Indes Savantes, 2001, pp.64-65.

5 A. Launay, *Histoire de la mission du Thibet,* tome 1, Paris: Les Indes Savantes, 2001, p.65.

6 A. Launay, *Histoire de la mission du Thibet,* tome 1, Paris: Les Indes Savantes, 2001, pp.65-66.

7 A. M. E., vol.556, Mgr. Borghi autorise les prêtres de la Société des M. E. P. à évangéliser le Thibet, le 21 août 1844, p.5.

外方传教会双方最终商定的结果。[8]文件内容显示，波尔基授权马伯乐向"（中国）西藏地区及中华帝国与喜马拉雅山脉之间的地区"派遣传教士，传教地域范围涵盖了今天我国的西藏自治区及其周边藏区。虽然并无实质性的进藏传教活动开展，但是，波尔基的上述举措不仅初步奠定了法国巴黎外方传教会在19世纪中叶西藏教务重启事务中的担当地位，也为后来罗马教廷在西藏设立独立的拉萨宗座代牧区打开了思路，预示着中断了近百年的西藏教务即将得以重启。

二、拉萨宗座代牧区的设立及"重返西藏传教"计划的形成

西藏教务被临时委托给巴黎外方四川传教会之后不久，教廷传信部就向教皇提出建议，认为应该在西藏单独设立宗座代牧区，交由巴黎外方传教会管理，并就此同巴黎外方传教会的长上们进行过几次磋商。[9]提议最终得到了教皇的批准，传信部于1846年3月17日写信给时任巴黎外方传教会会长的勒格雷鲁瓦（Langlois）先生，通知他罗马教廷将在西藏正式设立宗座代牧区：

> 在圣部会议（la sacré Congrégation）[10]同意的前提下，贵教会同西藏—印度斯坦宗座代牧主教（指波尔基——译者）就与四川传教会接壤的（中国）西藏的某些地区——前藏和中藏达成了一些临时决定，经过考察，圣座同意成立由以上地区组成的新的宗座代牧区，以拉萨的名字命名，其宗座代牧主教将在贵教会内部产生。这一事务的执行将交给马格祖拉（Maxula，即马伯乐——译者）主教……。[11]

信中所说的"临时决定"指的便是1844年波尔基与法国巴黎外方传教会就西藏教务达成的临时协议——委托巴黎外方传教会下属的四川传教会暂为代管西藏教务。根据信中的内容，有两点值得注意：1. 传信部的建议与波尔基分离西藏教务以求其发展的提议在思路上是一致的，罗马教廷对前者的支持同时也是对后者的肯定，这说明罗马教廷在西藏设立拉萨宗座代牧区源自于波尔基主教分离西藏教务的提议。2. 这封信明确提到，波尔基与巴黎外方传教会就西藏教务达成的"临时决定"所涉及的地域为"同四川传教会接壤的（中

8　A. Launay, *Histoire de la mission du Thibet,* tome 1, Paris: Les Indes Savantes, 2001, p.65.

9　A. Launay, *Histoire de la mission du Thibet,* tome 1, Paris: Les Indes Savantes, 2001, p.65.

10　圣部会议由罗马教廷九个圣部组成，分掌教廷各项事务。

11　A. M. E., vol.239，La Propagande à M. Langlois, 17 mars 1846, p.559.

国）西藏的某些地区——'前藏'和'中藏'"。据波尔基 1846 年 9 月 3 日写给巴黎外方传教会的一封信，教廷传信部最初曾向波尔基征求意见，打算将库库诺尔（今中国青海境内——笔者注）、天山一带（今中国新疆境内——笔者注）也划归即将设立的拉萨宗座代牧区，波尔基却认为这些区域应该考虑另外设立一个宗座代牧区；此外，在同一封信中，波尔基还建议将新要设立的宗座代牧区范围扩展至喜马拉雅山脉一带。[12]根据以上所引传信部写给巴黎外方传教会的信件，其所拟新要设立的宗座代牧区，其地理范围仅限于与四川传教会接壤的西藏的某些地区，这一范围明显小于 1844 年波尔基临时委托的"中国西藏地区及中华帝国与喜马拉雅山脉之间的地区"。可见，巴黎外方传教会在当时并没有全盘接受波尔基的建议，而只是同意接管与本会在华传教势力范围——四川接壤的西藏的某些区域，这也为罗马教廷下一步设立拉萨宗座代牧区初步划定了地域范围。

与此同时，传信部在信中还透露了以下两点重要信息：1. 罗马教廷计划在中国西藏设立拉萨宗座代牧区并打算由巴黎外方传教会组建西藏传教会经营其教务；2. 西藏传教会的主教将在巴黎外方传教会内部产生，具体事务的执行将由巴黎外方下属四川传教会主教马伯乐完成。这进一步奠定了巴黎外方传教会在 19 世纪中叶天主教会重启西藏教务事项中的主导地位。

1846 年 3 月 27 日，教皇格列高利十六世正式签署谕令，宣布在西藏设立拉萨宗座代牧区。谕令的具体内容如下：

> 上帝让我们稚嫩的肩膀所承担的传教义务以及我们对所有信徒们的关心促使我们尤其是面对那些距离天主教的中心——罗马——最遥远的虔诚信徒们倍加勤奋，……。正是因此，我们可敬的兄弟约瑟夫·安东尼·波尔基，西藏—印度斯坦宗座代牧区代牧主教特意向我们表达他不能兼顾如此广袤的区域，请求我们从他广袤的教区分离一部分地域出来，交给另外一些教长；为了不辜负其传播天主教的职责，他建议将遥远的几个地区，即（中国）西藏的中、前以及邻近四川传教会的（地区）（quelques régions plus éloignées, dites du Thibet moyen et inféreur et voisines de la mission du Su-tchuen），交给值得尊敬的（法国巴黎）外方传教会（digne Séminaire des Missions-Etrangères）。我们同意了（波尔基）主教的观点和计划，决定设立以

---

12 A. M. E., vol.556, Mgr. Borghi aux Supérieurs des M.E.P., le 3 septembre 1846, p.7.

其中心城市拉萨命名的宗座代牧区。因此，……我们将上面提到中
藏、前藏及与四川传教会毗邻的地区从西藏—印度斯坦宗座代牧区
分离出来，设立以（西藏）中心城市（拉萨）命名的宗座代牧区。[13]

　　此谕令初步呈现了西藏教务从西藏—印度斯坦宗座代牧区分离及拉萨宗
座代牧区设立的原因、过程和结果：出于对"最遥远信徒们"的关心，为了不
辜负其传播天主教的职责，波尔基欲从自己无力兼顾的广袤的"西藏—印度斯
坦宗座代牧区"中将遥远的"中藏、前藏及与四川传教会毗邻的藏区"分离出
来，托付给法国巴黎外方传教会管理，罗马教廷同意了此项提议并决定在以上
地区设立以其"中心城市——拉萨"命名的宗座代牧区，即拉萨宗座代牧区。

　　在颁布上述谕令的同一天，罗马教皇还签发了一封写给巴黎外方下属四
川传教会主教马伯乐的敕书，命其在四川为管理拉萨宗座代牧区的巴黎外方
西藏传教会选拔主教，敕书称："……为了福音传播的增长，我们已经成立新
的宗座代牧区，以拉萨为名。（拉萨）是中藏、前藏及邻近四川的藏区最重要
和最中心的城市，我们需要为这个新的宗座代牧区培养一位有能力的人，我们
认为适合授权于您来选拔他……我们给予您权力，在您的传教士中为新的拉
萨宗座代牧区选出代牧主教……。"[14]

　　值得注意的是，无论是传信部 1846 年 3 月 17 日写给巴黎外方传教会的
关于"要在西藏成立宗座代牧区"的预告信，还是罗马教皇 1846 年 3 月 27 日
关于"在西藏成立宗座代牧区"的两份谕令，内容均强调，因为拉萨是中国西
藏"最中心、最重要"的城市，所以新设立的宗座代牧区将以拉萨命名，由此
可见，在 19 世纪中叶西藏教务重启之初，天主教会就已经确定了西藏首府—
—拉萨在其重返西藏传教计划当中的核心地位。

　　上文可见，经过多方的努力和协调，罗马教廷于 1846 年 3 月 27 日宣布
将西藏教务从西藏—印度斯坦宗座代牧区分离出来，以西藏首府——拉萨为
核心设立拉萨宗座代牧区，同时确定由法国巴黎外方传教会组建西藏传教会，
以经营该代牧区教务，西藏传教会的主教将由当时的巴黎外方下属四川传教
会主教马伯乐负责选拔产生。无论最初波尔基将西藏教务临时委托给法国巴

---

13 Bref de Grégoire XVI pour l'érection du Vicariat Apostolique de LhassA, le 27 mars
　　1846. In A. Launay, *Histoire de la mission du Thibet,* tome 1, Paris: Les Indes Savantes,
　　2001, p.66.
14 A. M. E., vol.271, Bref pour le choix et la consécration épiscopale du Vicaire
　　Apostolique du Thibet, p.387.

黎外方传教会管理，还是罗马教廷属意由巴黎外方传教会管理新设立的拉萨宗座代牧区，这些举措均体现了天主教会及其传教团体对西藏教务的重视和重新关注，由此，在离开中国西藏本土近一百年后，天主教会于 19 世纪中叶初步形成了重返中国西藏传教的计划。

三、19 世纪中叶重启西藏教务的原因

19 世纪中叶，在撤离中国西藏近 100 年后，天主教会决定依托法国巴黎外方传教会重返西藏开展传教活动，促成这一重大举措的深层次动因有以下两点：

（一）天主教会及其传教团体一直以来都非常重视中国西藏教务

首先，17 世纪耶稣会传教士屡战屡败、屡败屡战的自发进藏传教活动及其 18 世纪对中国西藏传教权的争夺（指 1720 年左右耶稣会传教士德西德里同意大利嘉布遣传教会争夺中国西藏传教权—笔者注）充分反映了耶稣会对中国西藏教务的重视；其次，在罗马教廷正式授权并提供大量人力、物力支持的前提下，意大利嘉布遣会于 18 世纪上半叶先后在藏开展传教活动累计约 30 年左右，反映了天主教会自上而下对中国西藏教务的重视；[15]最后，早期传教士进藏传教活动于 18 世纪中叶结束后，天主教会虽然暂停经营西藏教务，却一直对之心存惦念，守候在近藏之处以伺机重返中国西藏传教。这主要表现在以下几个方面：

其一，1745 年，嘉布遣西藏传教会从中国西藏撤离后并未解散，而是退至中国西藏外围继续活动，不仅在之前就已经设立在尼泊尔的加德满都、巴特冈和印度的昌德纳戈尔、巴特那等西藏传教会传教站继续传教，还在印度的比蒂亚建立了新的传教站。[16]

其二，罗马教廷还继续指派传教士赴西藏传教会上述传教站开展传教活动，1748 至 1807 年之间，教廷传信部先后向上述传教站派出过 20 批共 53 人次的传教士。[17]

其三，1821 年，西藏—印度斯坦宗座代牧区由罗马教廷谕令设立并承管

---

15 参见伍昆明：《早期传教士进藏活动史》，北京：中国藏学出版社，1992 年。

16 伍昆明：《早期传教士进藏活动史》，北京：中国藏学出版社，1992 年，第 505 页。

17 伍昆明：《早期传教士进藏活动史》，北京：中国藏学出版社，1992 年，第 505-506 页。

中国西藏教务，尽管没有进入中国西藏开展实质性的传教活动，该代牧区宗座代牧主教波尔基在 1841 年上任后不久便开始筹谋重启西藏教务。

以上史实充分反映了天主教会及其传教团体一直以来对中国西藏教务的关注和重视。

（二）第一次鸦片战争后清政府"禁教"政策的松动给西藏教务的重启带来了机遇

1704 年 11 月，教皇克雷芒十一世（Clément XI）谕令禁止中国基督教徒行使"祭祖祭孔"礼仪，由此引发清政府大量驱逐在华欧洲传教士之潮；至 1721 年，康熙帝颁布敕令"禁教"，此即在全国范围内禁止传播和信仰天主教。[18]第一次鸦片战争后，英美两国通过与清政府签署《南京条约》、《虎门条约》和《望厦条约》攫取了一系列在华特权，1844 年（道光二十四年），法国起而效尤，同清政府签订了《黄埔条约》，该条约第二条及第二十二条规定，清政府允许法国人在广州、厦门、福州、宁波、上海五个通商口岸享有居住并建造房屋、教堂等权力。[19]由此，在上述五口通商口岸范围内，法国传教士得以自由活动。在此前后，法使拉萼尼（Lagrené）又通过两广总督耆英屡次向清廷呈请容教。[20]道光帝终于二十四年十一月初五（1844 年 12 月 14 日）"依议"耆英对天主教弛禁一节"稍示变通"的奏请，"准将习教为善之人免罪之处"。[21]道光帝此举为近代"开教"之关键。自此，始于康熙朝末年的天主教传华"禁教"政策逐渐改行"弛禁"。

18　1582 年，意大利耶稣会传教士罗明坚、利玛窦抵达肇庆，揭开了明代以来天主教传华的序幕。利玛窦死后，耶稣会内部以及多明我会、巴黎外方会等天主教修会中一些传教士挑起了反对中国儒学崇拜的"礼仪之争"。1704 年，罗马教皇克雷芒十一世（Clément XI）不顾清廷的反对，裁定"礼仪之争"中尊重中国礼仪一派败诉，禁止中国教徒"祭祖祭孔"，直接导致康熙帝于 1721 年宣布禁止在中国传播和信仰天主教。清廷的这一禁教政策一直延续到道光年间。这一时期，天主教在中国的传播只能采取地下的方式，其活动受到严重束缚，传教成效也大受影响。参见林金水：《明清之际士大夫与中西礼仪之争》，《历史研究》，1993 年，第 20-37 页。

19　王铁崖：《中外旧约章汇编》第一册，三联书店，1957，第 62 页。

20　中国第一历史档案馆、福建师范大学历史系：《清末教案》，第一册，北京：中华书局，1996 年，第 2-10 页。

21　《两广总督耆英将所拟弛禁天主教之贴黄述旨摺行知法事上谕》，中国第一历史档案馆、福建师范大学历史系：《清末教案》（第一册），北京：中华书局，1996 年，第 10 页。

中法《黄埔条约》的签订以及道光帝依议耆英"容教"之奏请，在法国在华外交及宗教人士当中引起了热烈反响。1845 年 5 月法国驻华领事北古（Bécourt）曾写信给当时的法国外交部长基佐（Guizot），将道光皇帝弛禁天主教称作是一个"伟大举措"，并且认为这"可能就是一场革命"，他在信中继续道："为了将这一革命进行到底，现在需要让传教士们能够自由地进入中国，或者至少让（中国）官府对传教士们（在中国）保持至今的居所和传教活动视而不见。我不知道这第二种情况何时才能得以实现。然而，可以推定的是传教士们将不再被纠缠。老中国正在死去……"[22]北古的这番话透露出他对当时天主教传华活动所抱有的强烈乐观主义情绪。

类似北古这种因为清朝禁教政策松动所带来的乐观主义情绪在宗教界也有明显的表现，禁教期间一直潜伏地下的天主教传教士逐渐走进公众视野，即使受到官府缉拿，其境遇也发生了极为有利于他们的变化。以法国遣使会传教士古伯察（Huc）和秦噶哔（Gabet）为例，他们于 1846 年到达拉萨公开传教被捕，两人在被遣返广州时途经四川，蜀地官府一反以往严厉"禁教"期间对欧洲传教士打压的做法，竟然对秦噶哔和古伯察予以优待，这一点被当时的四川传教会副主教范若瑟（Desflèches）津津乐道。他在 1846 年9 月 16 日写给巴黎教会同仁的一封信中说："这些神父（指古伯察和秦噶哔——译者）于 7、8 月份经过我们省（指四川——译者）时被一些大人物前后簇拥，在四川汉官面前，他们举止庄重，人们给予他们的优待使我们的教徒很高兴，使异教徒们很震惊。……再加上他们在汉官们面前不卑不亢，这使得欧洲的名誉在大众当中得到很大提升，我们的宗教（指天主教——译者）到处受到的歧视也减少了。"[23]范若瑟的这番评论虽有夸大的成分，但也基本属实，两位被捕的欧洲传教士在遣返途中之所以受到如此优待，其最重要的原因是，道光皇帝"依议"耆英"容教"奏请一折亦言，对被官府查拿的外国传教士，地方官"不得遽加刑戮，以示怀柔，庶良莠不至混淆，而情法亦昭平允"。[24]正是出于此种原因，秦噶哔、古伯察两位神父在被遣返广州途中才

---

22 M.A.E.（Ministère des Affaires Etrangères），C.P.（correspondance politique）Chine, tome2，lettre de M. Bécourt à Guizot, le 5 avril 1845, p.67.

23 A. M. E., vol.527, M. Desflèches aux directeurs du Séminaire des M.E.P., Chongqing, le 16 septembre 1846, p.226.

24 《两广总督耆英将所拟弛禁天主教之贴黄述旨摺行知法使事上谕》：中国第一历史档案馆、福建师范大学历史系：《清末教案》第一册，北京：中华书局，1996，第9-10 页。

受到了沿途官府的优待。由此可见，在清廷"禁教"政策逐渐松弛的背景下，欧洲在华传教士们的地位逐渐上升，清廷的"容教"倾向对天主教传华活动的有利影响已经显现。

此外，上述乐观主义情绪还存在于关注西藏教务的西方宗教界人士当中，他们从第一次鸦片战争后清政府禁教政策松动中看到了重启西藏教务的机遇。巴黎外方传教会史学家劳内（Adrien Launay）在其历史著作《西藏传教史》（Histoire de la Mission du Thibet）一书中曾有这样的表述：

> 就在（1846年前后）古伯察和秦噶哔完成他们（中国西藏）冒险的前几年，中国发生了一些引人注目的事件（指1840年中英鸦片战争及之后欧洲列强同清政府签订各项不平等条约等事件——译者），人们认为（这）会对（中国）西藏产生某种影响……波尔基，阿格拉宗座代牧，管辖西藏教务的（主教），来到罗马。欧洲（列强）介入中国在他看来，如同其他很多人的观点，能对藏地福音传播产生某种（积极）影响。既然天朝上国都打开了大门，不可以认为他的藩属——西藏会效仿他吗？或者至少可以利用北京朝廷的态度，人们认为（北京朝廷的态度）比实际表现出来的还要友好，得以进入拉萨地区？从愿望到希望，从希望再到确信，往往只有一步之遥。[25]

由此可见，第一次鸦片战争后，以波尔基为代表的许多欧洲人都认为，欧洲殖民势力介入中国为重启西藏教务提供了宝贵机会。值得注意的是，波尔基主教所主张的"重返西藏传教活动"的目标场域直指中国西藏腹心地带——拉萨地区。

四、西藏教务向巴黎外方传教会转移的原因

无论是1844年中国西藏教务的临时分离，还是1846年拉萨宗座代牧区的成立及其教务的委托，罗马教廷始终着意巴黎外方传教会参与其中，并最终决定由该传教会接管拉萨宗座代牧区教务。促使中国西藏教务向巴黎外方传教会转移的原因有以下几点：

---

25 A. Launay, *Histoire de la mission du Thibet,* tome 1, Paris: Les Indes Savantes, 2001, p.64.

（一）巴黎外方传教会是罗马教廷的"嫡亲"

进入 17 世纪，罗马教廷开始逐渐形成一种有异于以往的远东传教思维：1. 创建本地教会；2. 适应当地的风俗文化，同时避免介入政治事件；3. 在未请示罗马（教皇）的情况下不做任何重要决定，尤其是，没有传信部的指令，不祝圣任何一个主教。[26]自 15 世纪以来，远东传教权一直由葡萄牙把控，传教思维的革新其实反映出罗马教廷重掌远东传教权的意愿。

葡萄牙保教权形成于 15 世纪并盛行于 16 世纪，作为最早的海上殖民强国之一，葡萄牙向到海外传教的欧洲天主教修会提供运力及财力支持，由此为天主教海外传播起到重要助力作用。[27]进入 17 世纪，葡萄牙国力逐渐衰弱，无力再为天主教海外传播提供足够的人力、物力支持，却还一直把控远东传教教务，这逐渐成为天主教海外传播事务发展的束缚。

为避开葡萄牙远东保教权及其统领下的"葡系"传教修会，夺回远东传教权，1655 年，教皇亚历山大七世（Alexandre VII）决意"建立一个凌驾于所有在华传教宗教修会之上的神职组织，来代表和传达教廷的意愿"。[28]这一神职组织最终由教皇亚历山大七世任命的两位远东宗座代牧予以创建。1658年，教皇亚历山大七世签署谕令，任命两位神父弗朗索瓦·巴律（Francois Pallu，又名陆方济——笔者注）[29]和皮埃尔·朗伯尔·德·拉莫特（Pierre Lambert de la Motte）[30]为远东宗座代牧，他们将代表教廷前往亚洲执行新时

26　Jean Guennou, *Missions Etrangères de Paris,* Paris: Editions Saint-Paul, 1963, p.74.

27　1493 年《托尔德西里亚斯条约》（Treaty of Tordesillas）条约的签署之后，葡萄牙逐渐获得了"远东保教权"，自此开始控制欧洲天主教传教团体在东方的传教活动，凡是东来的欧洲传教士须得到葡王批准并宣誓效忠葡王，必须乘坐葡国船只前往东方，葡萄牙保教权时期，欧洲来华传教修会绝大部分受制于葡萄牙，因而被称为"葡系"传教修会。参见李晟文：《明清时期法国耶稣传教士来华初探》，《世界宗教研究》，1999 年第 2 期，第 52 页。

28　G. Goyau, *Histoire générale comparée des missions. In J.-M. Sédès. Une grande âme sacerdotale: le prêtre chinois André Ly,* Paris: Desclée, 1940, p.22. 转引自郭丽娜，《清代中叶巴黎外方传教会在川活动研究》，学苑出版社 2012 年版，第 16 页。

29　弗朗索瓦·巴律（Francois Pallu，又名陆方济），巴黎外方传教会的主要奠基者，1626 年出生于法国图尔（Tours）的圣-萨图尔南（Saint-Saturnin），1658 年被教皇亚历山大七世任命为东京（Tonkin，越南北部地区旧称）宗座代牧，是罗马教皇首批任命的两位宗座代牧之一，管辖老挝及中国的云南、贵州、湖广、四川、广西等地教务。参见 Notice bibliographique de Jacques Léonard Pérocheau, Archives des missionnaires des M.E.P., N.12.

30　皮埃尔·朗伯尔·德拉莫特（Pierre Lambert de la Motte），1624 年出生于法国的拉波娃西埃菏（La Boissière），巴黎外方传教会的奠基人之一，1658 年被教皇亚历山

期[31]教廷的远东传教新思维。同年，在获得教廷传信部的授意之后，弗朗索瓦·巴律和朗伯尔·德·拉莫特在巴黎创建巴黎外方传教会，该会的重要使命即为教廷招募和培养新时期前往亚洲执行其远东传教新思维的传教士。[32]法国学者卡特琳娜·马兰（Catherine Marin）在《外方传教会——三个半世纪在亚洲的冒险和历史》（Les Missions étrangères-Trois siècles et demi d'histoire et d'aventures en Asie）一书的序言中称，"巴黎外方传教会的创建体现了罗马教廷重掌自 15 世纪以来一直由葡萄牙、西班牙王室把控的海外传教事务的意愿。"[33]

由此可见，巴黎外方传教会在罗马教廷的主导下得以创建，是罗马教廷重掌远东传教权意愿的果实。因此，巴黎外方传教会是直接隶属于罗马教廷的天主教海外传教组织，代表教廷执行它在新时期的远东传教新思维。19 世纪中叶重启中国西藏教务之际，罗马教廷毫不犹豫将中国西藏教务交给巴黎外方传教会管理，这应当与该会同罗马教廷的上述"嫡亲"关系紧密关联。

（二）巴黎外方传教会在毗邻西藏的四川和云南传教成绩斐然

如上劳内《西藏传教史》一书所述，第一次鸦片战争后，波尔基在欧洲各国殖民势力在华上升势头中看到了重启中国西藏教务的时机，但是，他当时掌管的传教会却没有足够的人力物力去发展西藏教务，因此他向罗马教廷申请将中国西藏教务移让给法国巴黎外方传教会管理："波尔基主教，手下神甫太少，不能考虑分出一部分派往远方，他寻找能够在这一任务中替代他的那个（传教修会）并认为巴黎外方传教会，以其（属下）毗邻西藏的云南和四川传教会，较之于其他（传教修会）先期进入他的视野。"[34]

"毗邻西藏的云南和四川传教会"这一表述突出了西藏与由巴黎外方传教会管辖教务的四川和云南相邻的地理位置，很容易让人以为首选巴黎外方传教会承担西藏教务是因为该会占据了近藏的地理优势，其实并非全然如此。

大七世任命为交趾（Cochinchine，越南南部地区旧称）宗座代牧，是罗马教皇首批任命的两位宗座代牧之一，管辖中国浙江、福建、广东及海南岛等地教务。参见 Notice bibliographique de Jacques Léonard Pérocheau, Archives des missionnaires des M.E.P., N.1.

31 "新时期"指的是区别于罗马教廷任由葡萄牙掌控远东传教权的时期。

32 Jean Guennou, *Missions Etrangères de Paris,* Paris: Editions Saint-Paul, 1963, p.99.

33 Catherine Marin, *Les Missions étrangères-Trois siècles et demi d'histoire et d'aventures en Asie,* Paris: Editions Perrin, 2008, p.9.

34 A. Launay, *Histoire de la mission du Thibet,* tome 1, Paris: Les Indes Savantes, 2001, p.65.

因为，单从地理位置来讲，波尔基领导的西藏—印度斯坦宗座代牧区的优势绝不亚于巴黎外方传教会属下的川滇代牧区，更何况"由印进藏"曾是早期传教士成功进入中国西藏的主要路线。因此必须强调的是，波尔基主要是因为缺乏足够的人力物力而不能承担新时期重启中国西藏教务之职，而法国巴黎外方传教会之所以被选择在新时期承担重启中国西藏教务之职责，其传教实力才是关键。1753 年，罗马教廷将云南和四川的传教权正式授予巴黎外方传教会，时值清政府"禁教"政策日趋严厉以及天主教会在华活动日渐低迷。然而，巴黎外方传教会在四川和云南的传教活动却得以逆势发展，以四川代牧区为例，即使是在经历了嘉庆年间四川总督常明始于 1810 年的严厉打教之后[35]，巴黎外方传教会四川教务依旧得到较大发展，到 1840 年，四川代牧区有 1 位主教，10 位传教士，29 位本土神甫，35 位传道员，900 位贞女，52000位教徒，1 座修院及 20 位修生，50 所男校以及 119 所女校，当年成人洗礼人数为 484，异教徒孩童洗礼到 15766 位。[36]至道光二十五年（1845 年），四川代牧区的教徒人数更是上升至 54000 多，占全国教徒总量的 21.34%，在全国各个教区中位居第一。[37]法国巴黎外方传教会在清朝严厉禁教期间表现出来的传教实力是毋庸置疑的。在自己的传教团无力前往中国西藏传教的情况下，波尔基向罗马教廷推荐法国巴黎外方传教会代管西藏教务，该会的传教实力当然是一个主要考量因素。

（三）巴黎外方传教会多名传教士对西藏教务属意已久

巴黎外方传教会属下的四川传教会有多名传教士对西藏教务给予了较长时间的关注。17 至 18 世纪中叶，早期欧洲传教士的进藏传教活动均以失败告终，也许正是这些失败更加激起了后来天主教传教士们"天主福音归化西藏"的强烈愿望。曾在四川传教的满洲宗座代牧维浩尔（Mgr. Verrolles）[38]便是其中一位。

---

35 1810 年上任的四川总督常明视教如仇，严厉禁止天主教在四川的传播，传教士一经发现就会面临被囚禁甚至处死的危险，四川主教徐德新（Dufresse）正是在常明任内的 1815 年被抓捕并斩首于成都北教场，也有大量中国教徒在这一时期被抓捕、囚禁甚至处死。参见刘杰熙，《四川天主教》，成都：四川人民出版社，2009年，第 11-15 页。

36 巴黎外方传教会于 1753 年正式接管四川教务，到 1840 年在川已经拥有 52000 名教徒，这在始于"礼仪之争"之后的禁教期间可以称得上是成绩斐然。具体数据参见Notice bibliographique de Pérocheau, Archives des missionnaires des M.E.P., N.329.

37 秦和平，《基督宗教在四川传播史稿》，成都：四川人民出版社，2006 年，第 15-16 页。

38 维浩尔（Verrolles）于 1805 年 4 月 12 日生于法国卡尔瓦多斯省的卡昂（Caen），

1830 年入川后，维浩尔常向他能遇见的藏民了解西藏，甚至委托一些商人为他搜集有关西藏的信息。[39]1836 年，维浩尔曾经写信给巴黎外方传教会神修院院长，告诉他"距离四川只有两个月路程的西藏是传播福音的好地方"。[40]到了 1838 年，维浩尔在写给他姐姐的信中这样写道："现在是时候到西藏去传播福音了，……这是一片尚未接受福音的崭新土地，或者是我，尽管我的罪孽，将福音带到那个地方去，请为此祈祷……"。[41]除此之外，关注西藏福音传播的四川传教会传教士还有罗勒拿（Charles René Alexis Renou，汉文档案中记为罗勒挲）[42]、皮埃尔·巴班（Pierre Papin）[43]、玛尔耶特（Pierre Mariette）[44]等神父以及后来担任朝鲜宗座代牧的安贝尔（Mgr. Imbert）[45]主教。[46]但是，必须指出的是，

1828 年晋铎，1830 年 7 月 8 日进入巴黎外方传教会，不久便出发前往中国四川，1837 年接替前往朝鲜任职座代牧的安贝尔（Imbert）被任命为穆坪修院的长上，1838 年被任命为满洲宗座代牧，1841 年 5 月 2 日赴任。参见 Notice bibliographique de Verrolles, Archives des missionnaires des M.E.P., N.387.

39　Laurent Deshayes, *tibet（1846-1952）——Les missionnaires de l'impossible,* Paris: Les Indes Savantes, 2008, p.29.

40　古伯察著，耿昇译：《鞑靼西藏旅行记》，北京：中国藏学出版社，2012 年，第 639 页。

41　Laurent Deshayes, *tibet（1846-1952）——Les missionnaires de l'impossible,* Paris: Les Indes Savantes, 2008, p.30.

42　罗勒拿（Charles René Alexis Renou），汉文史料中又称罗肋挲、罗启祯、勒努、楞努等，是 19 世纪中叶巴黎外方西藏传教会的奠基人，1812 年 8 月 22 日出生于法国曼恩-卢瓦尔省的维尔南特（Vernante），1836 年 9 月 14 日进入巴黎外方传教会神修院，1837 年 5 月 20 日晋铎，次年 5 月 15 日出发前往中国四川，最初在四川的崇庆州传教。在拉萨宗座代牧区成立之后，成为西藏传教会首位进藏传教的传教士，于 1854 年建立了西藏传教会第一个传教点——崩卡。参见 Notice bibliographique de Renou, Archives des missionnaires de M.E.P., N.439.

43　皮埃尔·巴班（Pierre Papin），又名陈神父，1810 年 4 月 14 日生于法国厄尔-卢瓦尔省蒙兰顿（Montlandon），1833 年 6 月 1 日晋铎，同年 6 月 18 日进入巴黎外方传教会，1834 年 3 月 11 日赴四川，1851 年出任穆坪修院长上。参见 Notice bibliographique de Papin, Archives des missionnaires de M.E.P., N.410.

44　皮埃尔·玛尔耶特（Pierre Mariette），又称江神父，1804 年 12 月 22 日生于法国卡尔瓦多斯省科尔莫兰（Cormolain），1829 年 9 月 3 日进入巴黎外方传教会，1830 年 9 月 4 日晋铎，同年 11 月 2 日赴四川，曾在穆坪修院学习汉语。参见 Notice bibliographique de Mariette, Archives des missionnaires de M.E.P., N.385.

45　安贝尔（Laurent Imbert），又称罗神父，1796 年 3 月 23 日生于法国罗纳河口省的马里尼亚那（Marignane），1818 年进入巴黎外方传教会，1819 年 11 月 18 日晋铎，1820 年 3 月 20 日赴四川，曾担任穆坪修院长上，1836 年 4 月 26 日被任命为朝鲜宗座代牧区代牧主教。参见 Notice bibliographique d'Imbert, Archives des missionnaires de M.E.P., N.338.

46　A. Launay, *Histoire de la mission du Thibet, t*ome 1, Paris: Les Indes Savantes, 2001, p.72.

以上所有传教士当中，最热衷于中国西藏教务的当属罗勒拿。拉萨宗座代牧区成立之前，罗勒拿就曾多次表示欲前往西藏传教；他从 1839 年开始就向一位前四川传教会传教士、后来的巴黎外方传教会会长——乌瓦赞（Voisin）先生表达到西藏传教的意愿；后来罗勒拿又分别于 1841 年和 1842 年两次向时任四川传教会主教的马伯乐神父提出前往西藏传教的请求，后者认为时机尚不成熟，希望他等到天主教传华活动自由之后再前往西藏传播福音；即使遭到了马伯乐主教的拒绝，到西藏传播福音的火苗在罗勒拿心中依然没有熄灭，在与其传教同仁们的谈话以及来往信件当中，他不断地表达这方面的意愿，有时还要向马伯乐主教提一些到藏民中去传教的建议，希望借此为自己开启前往拉萨的路。[47]

进入 17 世纪，伴随葡萄牙远东保教权走向衰落，"葡系"传教修会逐渐失去其在天主教传华事务中的主导地位，逐渐取而代之的便是法国传教修会。[48]同时，法国保教势力在华也呈现不断上升的趋势，特别是在第一次鸦片战争后，1844 年中法《黄埔条约》的签订更是奠定了法国于近代在华保教事务中的主导地位。作为一个设立在法国的传教修会，巴黎外方传教会被波尔基和罗马教廷选定重启近代西藏教务，其法国修会属性应当也是一个被考量的因素。

第二节　巴黎总部与四川主教马伯乐之间关于"重返西藏传教"计划的分歧

一、分歧的产生及分歧所在

19 世纪中叶，众欧洲强国日益加强对清政府中国的渗透，罗马教廷和一些天主教传教士从中看到了重返中国西藏传教的机遇。此时，一位关键性人物出现了，此即西藏—印度斯坦宗座代牧区主教波尔基。他向当时的罗马教廷提议分离其负责的西藏教务，交由法国巴黎外方传教会及其下属的巴黎外方四川传教会协同管理。这一提议很快得到了罗马教廷的批准。随后，通过与外方传教会巴黎总部磋商，波尔基于 1844 年 8 月 21 日将中国西藏教务临时委托给该会。在此基础之上，1846 年 3 月 27 日，教皇格列高利十六世（Grégoire

---

47 A. Launay, *Histoire de la Mission du Thibet*, tome 1, Paris: Les Indes savantes, 2001, pp.72-73.

48 参见周萍萍：《清初葡萄牙对法国"保教权"的挑战》，《中国社会科学院院报》，2002 年增刊。

XVI）正式签发谕令，宣布成立拉萨宗座代牧区，并授命法国巴黎外方传教会组建西藏传教会以重返中国西藏传教。同一天，教皇又敕令四川传教会主教马伯乐，授权他为新成立的拉萨宗座代牧区选任代牧主教。[49]至此，天主教会重返中国西藏传教的计划形成。

从波尔基提议由巴黎外方传教会代管西藏教务，到罗马教皇格列高利十六世谕令巴黎外方传教会重返西藏传教，中国西藏教务从西藏—印度斯坦宗座代牧区到巴黎外方传教会的易手过程迈出了关键性的一步。在此过程当中，波尔基穿针引线，而罗马教廷和外方传教会巴黎总部则一直扮演主要角色，事关重启中国西藏教务的一切问题都须经由罗马教廷同意，巴黎总部则紧跟罗马教廷的节奏，积极参与相关问题的策划。

值得注意的是，此次中国西藏教务的历史性变动与巴黎外方四川传教会产生了重要关联，其主教马伯乐是为具体事务的关键执行者。但是，无论是波尔基的委托，抑或是教皇的敕令，都是二者与外方传教会巴黎总部磋商和协调的结果，他们似乎并未向人在四川马伯乐主教征求任何意见，也未见材料表明他们同马伯乐曾就重返西藏传教计划有过直接的商讨。因此，19 世纪中叶重启中国西藏教务从一开始就是一场明显由教会上层主导的行动，某种程度上，作为关键执行者的四川主教马伯乐只是被动参与其中，这导致后来马伯乐与巴黎外方传教会总部之间就天主教会重返西藏传教计划产生了诸多分歧。

罗马教皇的谕令签署之后不久，外方传教会巴黎总部按照当时的教会章程规定，[50]于 1846 年 5 月 10 日向其属下各个传教团体发出了一封教会内部公开信，就是否同意由本会组建西藏传教会进藏传教征求意见。四川主教马伯乐则在 1847 年 9 月 1 日及 9 月 2 日曾先后两次致函巴黎总部，表达了他对于当时重启中国西藏教务的反对意见。[51]这三封信件的内容较为全面地反

49 Bref pour le choix et la consécration épiscopale du Vicariat Apostolique du Thibet, adressé à Mgr. Pérocheau, Vicaire Apostolique du Su-tchuen. In A. LAUNAY, *Histoire de la mission du Thibet,* tome 1, Paris: Les Indes Savantes, 2001, p.67.

50 巴黎外方传教会当时的教会章程规定，成立一个新的传教会的决定权并不掌握在教会长上们自己手中，而是需要征得该教会下辖的所有传教团体过半数以上同意。参见 A. Launay, *Histoire de la mission du Thibet,* tome 1, Paris: Les Indes Savantes, 2001, p.68.

51 罗马的谕令及总部的公开信与马伯乐的回函二者在时间上间隔有一年多，可能与当时落后的通讯和驿传方式有关。西方有线电报通讯兴起于 19 世纪三四十年代，此时正处于刚刚起步的阶段。而近代中国更是迟至 19 世纪 70 年代出现电报。在这之前，海外传教士与欧洲之间信息的传播只能依靠来往于东西方之间的船只以

映出巴黎总部和四川主教马伯乐之间关于重返西藏传教计划的种种分歧。兹详述于下：

（一）对前往西藏拉萨传教所面临的具体困难的评估

巴黎总部在 5 月 10 日的公开信中可以说是避重就轻地谈及前往西藏传教的具体困难。信中说："新的传教会（指西藏传教会—译者）的主教将在四川内部产生……新当选者会在开始时遇到很多困难，但是我们希望他不要气馁并能够克服（困难）。"[52]可见，当时巴黎总部已经预想到前往西藏传教可能会面临诸多困难，却并不打算知难而退，而是希望新任主教能够迎难而上，克服这些困难。信中还谈及了西藏传教会人力物力的保障问题："在目前，你们可能会对我们说，我们必须要拥有大量的人力、物力。直到今天，我们都是上帝的孩子，我们都只能对他（指上帝—译者）对我们的眷顾表示满意，这足以让我们希望他不会在我们需要他时抛弃我们。另外，新建的（拉萨）宗座代牧区并不是马上就要消耗我们大量的人力、物力。事业是一点一点来做的，我们的资源也会以同样的进步积累起来。"[53]可以看出，巴黎外方传教会当时并不具备充足的人力、物力资源前往西藏开展传教活动，而是将此方面困难的消除寄希望于上帝的眷顾和教会未来的发展。巴黎总部刻意回避困难的说辞，恰恰从侧面反映出了当时困难的客观存在。

巴黎总部虽然对前往西藏传教可能面临的困难有所预估，事实上这种预估明显不够。正是因此，巴黎总部在信中还描绘出一幅教会蓬勃发展的蓝图："7 位传教士已经在波尔多上船启程，还有差不多同样数量的（传教士），……很快就会追随他们出发，这两拨（传教士）的出发必然减少我们（可以支配的传教士）的人数，但是，这并不影响我们神修院（是巴黎外方传教会培养海外传教士的专门机构—译者）有望在几个月之后迎来 40 位候补者。……因此对人手缺乏的担心大可不必。至于经济上，我们承认曾有过非常严重的危机。但是，事情发生了出乎意料的反转。1845 年传信部的收入，本来预计不会达到前一年的收入，不料却超出了前一年 16 万法郎。今年看来也有好兆头。"[54]可以看出，对于组建西藏传教会，巴黎总部不仅没有着力于进藏传教人力、物力的充分准备，反而盲目

书信的方式来传递；因为距离上的优势，罗马和巴黎之间的通讯较之其与中国的信息往来明显要快捷得多。

52　A. M. E., vol.171, lettre commune du 10 mai 1846, p.179.
53　A. M. E., vol.171, lettre commune du 10 mai 1846, p.181.
54　A. M. E., vol.171, lettre commune du 10 mai 1846, p.181.

乐观地认为不需要对这方面的困难有过多的担心，试图借此打消属下们的疑虑。

值得注意的是，在避重就轻谈及前往西藏传教困难的同时，巴黎总部在这封信中明确指出，"新任宗座代牧主教当然应该进驻拉萨"。[55]在计划重返西藏开展传教活动之际，巴黎外方传教会特别强调拉萨宗座代牧区代牧主教必须前往拉萨，这同罗马教廷之前强调"新成立的宗座代牧区要以西藏'最重要、最中心'的城市——拉萨命名"形成了呼应，进一步明确了天主教会此次重返西藏传教计划的核心场域为中国西藏首府拉萨，也就是说，西藏传教会的传教士们必须首先前往进驻拉萨，然后再以此地为核心开展在藏传教活动。然而，四川主教马伯乐的想法却与巴黎总部大相径庭。9月1日，马伯乐给巴黎长上们写了一封信，题为《关于向拉萨派遣长时间传教之传教士的困难意见书》（Observations sur les difficultés d'introduire des missionnaires à Lassa qui puissent y prêcher lontemps），信中陈述了前往拉萨传教的两点主要困难：

首先，清廷禁止传教士前往西藏拉萨传教。马伯乐在信中说："如果我们的同仁（即传教士们——译者）在没有获得（中国）皇帝统一的、特别的许可之前就从四川出发前往（西藏）拉萨，那便没有任何成功的希望，那就是冒失地、鲁莽地置他们于巨大的危险之中。……将是不理智的和违背道理的。"[56]马伯乐此处所言"道理"，其所指即为中法《黄埔条约》第二十三款之规定："凡佛兰西人在五口地方居住或往来经游，听凭在附近处所散步，……但不得越领事馆与地方官议定界址，……佛兰西无论何人，如有犯此例禁，或越界，或远入内地，听凭中国官查拿，但应解送近口佛兰西领事馆收管"。[57]正是依据此项条约约定，1846年初，清朝中央政府逮捕擅闯西藏的法国遣使会传教士古伯察与秦噶哔，并将他们遣送至广州，交给了当时法国驻华领事北古。受此事件影响，作为四川传教会主教，马伯乐对未经中国皇帝许可而前往西藏拉萨传教所面临的政治风险有着清晰的认识，在他看来，"对于想去拉萨的欧洲人来说，必须持有中国皇帝的许可文书，无此许可，丝毫不要期望成功，而且可以确定他们在到达拉萨之前就会被（中国政府）抓住。"[58]此外，马伯乐在信中还否定了无皇

---

55 A. M. E., vol.171, lettre commune du 10 mai 1846, p.179.

56 A. M. E., vol.527, lettre de Mgr. Pérocheau aux directeurs des M.E.P., le 1er septembre 1847, p.297.

57 王铁崖：《中外旧约章汇编》第一册，北京：三联书店，1957年，第62页。

58 A. M. E., vol.527, lettre de Mgr. Pérocheau aux directeurs des M.E.P., le 1er septembre 1847, p.297.

帝许可而试图混进商队前往拉萨的行为，他认为："（这些商队的）组成人员熟知（中国）皇帝的禁令，负有执行（中国皇帝禁令）的职责。"[59]

其次，西藏恶劣的自然条件及复杂的地理环境会对前往拉萨的传教士们构成严重的生命威胁。马伯乐在信中称："据我所知，从四川到拉萨……汉人在沿途设置了大量的驿站，以护送汉官和行人在 70 多座可怕的、几乎是常年积雪的高山间穿行，尤其是要保护他们免受山间绑匪的威胁，他们（指绑匪们——译者）常常将劫掠到手的行人带到很远的地方，将其出售为奴……还常常有行人跌落布满积雪的深渊摔死……"。[60]被从拉萨驱逐返回内地途中，遣使会传教士古伯察与秦噶哔所遭遇的生命危险使马伯乐深感震惊："古伯察与秦噶哔刚一到达四川首府——成都，就已经有传言说，他们一行有 20 多个人死在途上，这两位先生在澳门也做了同样的描述，（他们）补充说，如果不是士兵们（对他们）敏捷的保护，他们也会遭遇同样（悲惨）的命运。"[61]因此，在马伯乐看来，西藏恶劣的自然环境和交通条件会把前往拉萨的传教士们"置于丢失性命的危险之中。"[62]

此外，马伯乐还从历史经验的角度提示总部前往拉萨传教的困难："在中国皇帝宣布在他的国家宗教（传播）自由之前，传教士们为到达拉萨遭遇过许多困难，为能在那里长时间传教（而遭遇的困难）则更多。毫无疑问，传信部非常清楚导致这一结果的巨大障碍所在。"[63]这无疑是在提醒教会上层要从天主教在西藏早期传播失败的惨痛经历中吸取教训，避免重蹈历史的覆辙。

不难看出，巴黎总部对前往中国西藏拉萨传教所持的乐观态度仅仅是建立在其主观构建的所谓本会"美好前景"之上，没有深思熟虑前往拉萨的传教士们会在进藏活动中遭遇重重困难，其盲目性十分明显；而四川主教马伯乐所持观点则较为务实，基于对当时中国禁教政策的了解，尤其是对中国西藏恶劣自然地理条件的了解，再加上历史上进藏传教的惨痛失败教训，马伯乐认为开

59 A. M. E., vol.527, lettre de Mgr. Pérocheau aux directeurs des M.E.P., le 1er septembre 1847, p.297.

60 A. M. E., vol.527, lettre de Mgr. Pérocheau aux directeurs des M.E.P., le 1er septembre 1847, p.297.

61 A. M. E., vol.527, lettre de Mgr. Pérocheau aux directeurs des M.E.P., le 1er septembre 1847, p.297.

62 A. M. E., vol.527, lettre de Mgr. Pérocheau aux directeurs des M.E.P., le 1er septembre 1847, p.297.

63 A. M. E., vol.527, lettre de Mgr. Pérocheau à la propagande, le 3 septembre 1847, p.309.

展进藏活动的传教士们必然面临难以克服的重重困难，因此他认为进藏传教的时机尚未成熟。

（二）进驻拉萨路线的选择

鉴于拉萨在西藏的核心地位，进驻拉萨以归化整个中国西藏是天主教会重返西藏传教计划形成之初就已经确定的目标，也是整个新时期西藏教务发展之关键。因此，在"乐观"评估了进藏可能面临的困难之后，接下来巴黎总部在信中又展开了进藏路线的探讨："……新当选的宗座代牧主教自然要到拉萨去常驻。哪一条路能最便捷地通向那里呢？我们还不能确定这一点。似乎通过阿瓦（Ava）和加尔各答（Calcutta）的路并不是不通的。可以通过四川达到拉萨吗？我们希望马克祖拉主教（Maxula 即四川主教马伯乐——译者）愿意去落实这一点。"[64]天主教在西藏早期传播阶段，传教士们基本上都是选择从南亚方向进藏。可能是基于此种考虑，巴黎的长上们也提到了从阿瓦和加尔各答前往拉萨的可能性，但相比之下，他们明显更倾向于"由川入藏"，因为四川不仅邻近西藏，四川还是法国巴黎外方传教会在华传教活动的大本营。因此，他们希望四川主教马伯乐配合落实有关前往西藏拉萨路线的信息。

然而，巴黎总部的该项提议并未获得马伯乐的支持。在9月1日的信中，他建议："即使传教士们获得许可前往拉萨，他们传教所需的人手和财务也应该通过加尔各答前往（拉萨）。……实际上，从加尔各答到拉萨的路只是广东（经四川）到拉萨路程的大约三分之一，还有，从加尔各答到拉萨的路有一半在英国人领土上，那里有（传教）自由，（传教士们）甚至可以很容易就获得英国政府的保护。从加尔各答到法国的交通也很方便。"[65]也就是说，在马伯乐看来，即使进藏传教获得中国朝廷的允许，也应当考虑从加尔各答向拉萨输送传教所需的人力和物资，其原因有三：1. 加尔各答距离拉萨更近；2. 从加尔各答出发前往拉萨沿途可以获得英国的庇护，更安全；3. 加尔各答与法国

64　A. M. E., vol.171, lettre commune du 10 mai 1846, p.179.

65　A. M. E., vol.527, lettre de Mgr. Pérocheau aux directeurs des M.E.P., le 1er septembre 1847, pp.297-298．拉萨摄政同驻藏大臣琦善曾经共同向秦噶哔与古伯察提供从拉萨到加尔各答护照的这种说法尚未发现史实依据支撑。从西藏被遣送至广州后，秦噶哔在其写给罗马教廷的汇报信中曾经提及，在不得不离开拉萨之际，他和古伯察曾经要求由印度返回欧洲，遭到琦善的断然拒绝，后者要求他们必须经中国内地前往广州。参见 Lettre de Joseph Gabet au Cardinal Philippe Fransoni, Paris-Rome, août 1847, in Jacqueline Thèvenet, *Joseph Gabet, Evariste Huc*，*Lettres de Chine et d'ailleurs 1835-1860*，Paris: Les Indes Savantes, 2005, p.221.

之间的交通往来也很方便。为进一步佐证其建议，马伯乐进一步说道："（从加尔各答到西藏的）交通是可行的，因为西藏的摄政曾向古伯察和秦噶哗提供前往加尔各答的护照（清政府当考虑过经由加尔各答驱逐秦古两位传教士离藏——译者），（这护照）应该是由那位中国官员（指驻藏大臣琦善——译者）签署的，他（指琦善——译者）认为这条路更合适、更快捷。"[66]基于同样的理由，马伯乐在信中还提出让传教士们要么从香港经加尔各答前往拉萨，要么从法国直接经加尔各答前往拉萨，并且再次强调了由川入藏的不可行性，称："那70 座位于四川和西藏交界地带的巨大雪山应该使传教士们尽可能走其他的道路，以避免巨大的死亡危险。"[67]此外马伯乐还认为，即使"获得了中国皇帝的允许，传教士们也只能走一次经由四川前往拉萨（的路线），（以后）不能再走四川，因为每一次通行都会遇到同样的困难和危险。"[68]

（三）西藏教务的归属

自 1844 年波尔基签署临时委托协议之后，西藏教务就一直由巴黎外方传教会代为管理。罗马教廷的谕令明确将西藏教务交由巴黎外方传教会负责。在此情况下，巴黎总部只需征得整个教会内部的一致同意，便可对西藏教务拥有无可争议的管理权。在 1846 年 5 月 10 日的公开信中，巴黎总部迫不及待地表达了掌管西藏教务的迫切愿望，信中称："我们要告诉你们的是，传信部有一个最新的举措，这与我们（传教会）利益关切，也证明了她对我们极大的信任。四个新的宗座代牧区得以创建并要交给我会管理，……其中之一（指拉萨宗座代牧区——译者）从各个角度都可以视为全新的让与，包括四川以西延伸到拉萨之外的西藏，以拉萨命名。"[69]1846 年，罗马教廷谕令在日本、朝鲜及中国的贵州、西藏设立四个代牧区，并全部委托给巴黎外方传教会管理，巴黎总部将之看成是与本会"利益关切"之举，视之为罗马教廷对本会的"极大信任"。同时巴黎总部还特别指出，罗马教廷将拉萨代牧区教务委托给本会是"全新的让与"，可见巴黎总部希望掌管西藏教务。此外，巴黎总部还以"防止其他修会染指西藏教务"为由，试图说服四川传教会率先同意由本会组建西藏传

---

66 A. M. E., vol.527, lettre de Mgr. Pérocheau aux directeurs des M.E.P., le 1er septembre 1847, p.297.

67 A. M. E., vol.527, lettre de Mgr. Pérocheau aux directeurs des M.E.P., le 1er septembre 1847, p.298.

68 A. M. E., vol.527, lettre de Mgr. Pérocheau aux directeurs des M.E.P., le 1er septembre 1847, p.298.

69 A. M. E., vol.171, lettre commune du 10 mai 1846, p.179.

教会。信中说到："她（指西藏传教会——译者）更会受到四川同仁们的青睐，因为接受她就意味着避免与其他的修会发生联系，要是我们拒绝的话，这一不便必然产生。"[70]由此可见巴黎总部在掌管西藏教务这一问题上的积极态度。

　　然而，在 9 月 2 日写给巴黎总部的信中，马伯乐却建议巴黎总部将西藏教务交给遣使会掌管。他在信中表示："（巴黎外方）四川（传教会）只有三位传教士为设立拉萨传教会投了赞成票，其他（传教士们）的想法就不一样了，……遣使会传教士们的活动让他们（指巴黎外方四川传教会传教士们——译者）认为遣使会更适合这一任务；"[71]因为"秦神父和古伯察受到了西藏摄政王的欢迎，他对他们表现出了极大的兴趣，向他们许诺，如果返回西藏，将会很好地接待他们并会给予他们极大地支持；"[72]还有"这两位遣使会传教士会讲在西藏能被听懂的蒙古语（因为在进藏之前，秦古两位神父曾在蒙古传教，他们也是经由蒙古进藏——译者），他们了解当地的习俗并且会讲一点点藏语。"[73]此外，马伯乐还对教会上层事先未考虑将西藏教务交给遣使会表示遗憾："他们（指古伯察与秦神父——译者）为这一传教使命（指前往拉萨传教的使命——译者）付出了那么多的艰辛！如果罗马事先知道他们（进藏活动）的经历和所经受的苦难，知道（中国）西藏当局对（这两位传教士）的友好态度，就会将此项传教任务（指前往拉萨传教的任务——译者）交给他们。你们也一样，如果你们事先知道这一切，一定会请求罗马教廷将这一（进藏传教）任务交给遣使会。"[74]马伯乐向巴黎总部和罗马教廷极力推荐让遣使会来接管

---

70 A. M. E., vol.171, lettre commune du 10 mai 1846, p.179.

71 A. M. E., vol.527, lettre de Mgr. Pérocheau aux directeurs des M.E.P., le 2 septembre 1847, pp.303-304.

72 A. M. E., vol.527, lettre de Mgr. Pérocheau aux directeurs des M.E.P., le 2 septembre 1847, pp.303-304. 秦噶哔和古伯察从西藏被驱逐后，曾写信给罗马教廷传信部红衣主教菲利普·弗朗索尼（Philippe Fransoni）宣称，他们历经千辛万苦才到达拉萨，受到了拉萨摄政王的欢迎，却遭受到清朝驻藏大臣琦善的逮捕和驱逐，在他们离开拉萨之际，摄政鼓励他们在条件成熟之时返回西藏传教。参见 Lettre de Joseph Gabet et Evariste Huc au cardinal Philippe Fransoni, Paris-Rome, août 1847; in Jacqueline Thèvenet, *Joseph Gabet, Evariste Huc，Lettres de Chine et d'ailleurs 1835-1860，* Paris: Les Indes Savantes, 2005, pp.173-179.

73 A. M. E., vol.527, lettre de Mgr. Pérocheau aux directeurs des M.E.P., le 2 septembre 1847, pp.303-304. 马伯乐说秦噶哔、古伯察会蒙古语，是因为这两位传教士曾在蒙古传教，参见注释34。

74 A. M. E., vol.527, lettre de Mgr. Pérocheau aux directeursdes M.E.P., le 2 septembre 1847, pp.303-304.

西藏教务，原因有三点：1. 两位遣使会传教士到达拉萨后曾受到摄政王的欢迎和热情接待；2. 他们会讲藏民能听得懂的蒙古语以及一点儿藏语，并且他们了解藏地的习俗；3. 他们为到达拉萨曾遭受了很多艰苦和磨难，理所应当将西藏教务交给他们接管。另外值得注意的一点是，马伯乐的建议并不是以个人的口吻，而是以大多数巴黎外方传教会在四川的传教士的名义发出，这将使巴黎总部在接手西藏教务的问题上面临更大阻力。

如果说对前往西藏拉萨传教困难的评估和进藏路线的选择，双方的矛盾和分歧还集中在巴黎外方传教会内部，那么马伯乐将西藏教务推给遣使会的建议实际上已经把问题扩大至巴黎外方传教会之外，甚至需要惊动罗马教廷。可以看出，双方的分歧至此已经越来越大，并且显得不可调和。

二、双方分歧产生的原因

1846 年，罗马教廷的谕令签发之后，西藏传教会开始正式进入筹备期。从前文的论述可以看出，此时教会内部隐藏的矛盾开始逐渐显现。这种矛盾来自于组建西藏传教会的关键两方：外方传教会巴黎总部及其下属的四川传教会主教马伯乐。双方在前往拉萨传教的困难、路线及西藏教务的归属等问题上存在严重分歧，并且有不断扩大的趋势。罗马教皇敕令马伯乐为西藏传教会选拔和祝圣主教，巴黎总部也在其公开信中敦促马伯乐尽快完成此项任务。[75]表面上看，罗马教廷与巴黎总部的相关决议似乎将马伯乐置于西藏教务重启计划关键位置之上。但是，处于教会上层的罗马和巴黎事先均未就此同马伯乐本人有过特别具体的接触；在某种意义上，马伯乐及其统领的四川传教会只是被动地参与进来，其并无实际的决策权力。因此，马伯乐曾在 9 月 2 日的回信中愤然指责教会上层的这种官僚主义，他在信中说到："在罗马，在巴黎，在地图上看一眼之后，就要设立一个新的传教会，……对这些异教的、几乎未知的区域内存在的许多地方性困难丝毫不做考虑，也丝毫不向当地或者附近了解情况的人们征求意见。然后却会对（后来传教活动）可能遇到的巨大困难表示惊讶，（然后把传教失败）怪罪到那些无辜的人们头上，指责他们没有用心。"[76]

这场分歧与争论明显反映出巴黎总部和四川主教马伯乐在重返中国西藏

---

75 A. M. E., vol.271, Bref pour le choix et la consécration épiscopale du Vicaire Apostolique du Thibet, p.387.

76 A. M. E., vol.527, lettre de Mgr. Pérocheau aux directeurs des M.E.P., le 2 septembre 1847, p.302.

传教问题上两种截然不同的态度。前者从一开始就对罗马教廷设立拉萨宗座代牧区的决定积极响应，并且急于组建西藏传教会以接手西藏教务。这正如其在公开信中所说："我们对你们（指隶属于巴黎外方传教会的各个传教团体——译者）讲（这些），如同你们已经同意接受（进藏传教）这一新的传教任务；实际上，我们确认你们不会拒绝。维浩尔主教因为他在穆坪（位于今四川雅安宝兴县——译者）修院的经历很了解（西藏的）情况，被认为是非常有发言权的人，他已经同意了。……这一重任及其他（重任）是我会的荣誉，是传信部的重要决定。我们的拒绝只会得罪她（指罗马教廷传信部——译者）。[77]从信中的内容可以获知，巴黎总部对其下属传教团体与其说是征求意见，不如说是命令式地催促后者同意自己的决定；并且树立某位所谓的"很了解情况"的主教作为榜样，以增加其说服力；最后还以"传信部的重要决定"为辞向各分会施加压力。另外，从时间上看，从3月底罗马的谕令到5月初的这封公开信，巴黎总部在如此短的时间内就迅速启动西藏传教会的筹备工作，可见其积极的态度。对于成立西藏传教会以重返中国西藏传教，巴黎总部对罗马教廷可以说是做到了"言听计从"。[78]

反观站在巴黎总部对立面的四川主教马伯乐，他在前往拉萨传教困难的预估、路线的选择以及西藏教务管理权的归属等问题上与巴黎总部针锋相对，体现了他对由本会组建西藏传教会重返拉萨传教计划持坚决反对的态度。基于西藏恶劣的自然、地理条件，特别是基于中法《黄埔条约》关于"禁止外国人越界五口进入中国内地"的约定，马伯乐一再反对在无清朝皇帝许可的情况下向西藏拉萨派遣传教士，这体现了马伯乐对中国现实传教政策和严酷传教环境的了解和重视，与教会上层不顾中国现实状况、强行重启西藏教务的官僚主义形成鲜明对比。在这场分歧与争论的背后，对藏区的认知和双方的立场等问题值得深究。

（一）对藏区不同的认知程度

前文中，巴黎总部在其公开信中避重就轻谈及前往中国西藏拉萨传教的一些困难，除了想借此打消属下的顾虑以获得他们的支持外，还与其对中国藏

---

77 A. M. E., vol.171, lettre commune du 10 mai 1846, p.179.

78 一些学者认为巴黎外方传教总部是在不得已的情况下才同意成立西藏传教会以接管西藏教务，这显然有违历史真实。参见秦和平、张晓红：《近代天主教在川滇藏交界地区的传播》，载《西南民族大学学报》（人文社科版）2009年第2期，第243页。

区形势认识严重不足有关。这种对中国藏区知识的欠缺在其发出的公开信中反映得非常直观。信中称：

> 目前，对于这样一个基本尚未被探知的地区（un pays encore si peu exploré——原文），我们还是获得了一点点信息（le peu de renseignements——原文），我们将这些信息告知你们：卢盖（Luquet）主教说：'我确实曾经通过上一任阿瓦（Ava）—北固（Pégou）宗座代牧主教——卡欧（Cao）得知，拉萨有一个拥有好几百人的天主教社区，被遗弃有非常长的时间了。据说（这个社区）非常渴望一位传教士的到来。卡欧主教是从一位匈牙利学者那里获得的这些细节，他（指匈牙利学者——译者）曾在这座城市（指拉萨——译者）待过一段时间，他是做藏语与匈牙利语语言比较研究的。'[79]

信中所说的匈牙利语言学家显然指的是现代藏学的奠基人——科勒什·乔玛（Koros Csoma Sandor，1784-1842）。因为，目前学界所知的、历史上去过西藏并做藏语与西方语言比较研究的"匈牙利学者"就只有乔玛一人，他也因此被尊为现代藏学的奠基人。从信中可以看出，当时关于拉萨天主教社区的消息最初来源于乔玛，并经另外一位名为卡欧的主教传至本会的卢盖主教耳中，最后才被巴黎总部获知。首先，从消息的来源看，乔玛虽曾涉足中国藏区并学习藏语，但目前尚无史料能证明他曾经到过拉萨。[80]因此，所谓的"拉萨天主教社区"是否真的存在值得怀疑；其次，从消息的传播情况来看，几经转手后，其真实性和可靠性早已大打折扣；另外，值得注意的是，巴黎总部自言西藏是"一个基本尚未被探知的地区"，说明该会对中国西藏知之甚少；并且，称其仅是获得了"一点点"关于拉萨天主教社区的信息，从语气上表明他们对此消息的真实性并无十足把握。种种迹象表明，外方传教会巴黎总部对中国西藏的认知和了解严重不足。

巴黎总部关于拉萨有基督教徒的说法立即遭到了马伯乐的反驳。后者在 9 月 1 日的信中直截了当地指出："在澳门，遣使会的当家神父曾对李博（Libois，巴黎外方的总务处当家神父——译者）说，拉萨根本没有基督徒。他是在古伯察和秦噶哔处得知这一点的，他们（指古伯察与秦噶哔——译者）很容易就得

---

79 A. M. E., vol.171, lettre commune du 10 mai 1846, p.179.

80 房建昌：《乔玛的生平及其在藏学研究上的贡献》，载《西藏民族学院学报》（哲学社会科学版）1984 年第 2 期，第 59 页。

知了这一点。他们在拉萨的逗留曾在这座城市（指拉萨——译者）激起很大反响。这样说的话，那位匈牙利人传给我们同仁们的消息就是假的和不可靠的。"[81]虽然都不是亲耳所闻，毕竟古伯察与秦噶哔曾在拉萨逗留是有据可查的史实，而藏学家乔玛的拉萨之旅却尚未被史料证实。因此较之巴黎总部，马伯乐关于"拉萨根本不存在天主教社区"的说法显然更具有说服力。

实际上，巴黎总部对拉萨天主教社区的认识富含西方关于"东方基督教王国"想象的成分。在17至18世纪早期进藏活动中，传教士们总是能听信"中国西藏生活有基督教徒"之类的传言，然后决定前往中国西藏传教，巴黎外方传教会的做法如出一辙。因此，巴黎总部对拉萨天主教社区的认识并不是后者情况的真实反映，得知类似的消息，巴黎总部立即将其与这种想象联系起来，迫不及待地对之进行宣传，并将此作为有必要前往中国西藏拉萨开展传教活动的重要依据，其真实目的是为了给天主教会重返中国西藏拉萨传教计划的形成和实施提供一个理由。这再次从侧面反映出外方传教会巴黎总部在重启中国西藏教务事项上的盲目性。

相较于巴黎总部，马伯乐在关乎中国西藏信息的鉴别方面则更为慎重。这种慎重源于他在中国西南近藏之四川地区长期传教的经历。他不仅对中国西藏的地理和人文环境十分熟悉，还对清政府关于天主教在西藏传播问题上的严格禁止态度保持着十分清醒的认识。在9月1日的信中，马伯乐径直对巴黎总部成立西藏传教会的意愿提出了批评："如果在欧洲，大家都同我一样强烈感受到了（前往中国西藏拉萨传教的）困难的话，就不会再打算在未经（中国）皇帝允许的情况下派遣传教士到西藏了。"[82]正如马伯乐所强调的，教会上层与他的不同之处在于，前者在做出决定之前，无法像他一样对整个中国、尤其是对中国西藏的自然环境及宗教政策有切实了解，因此不能对西藏教务予以正确的评估和论证，其在重返中国西藏拉萨传教问题上的反应和言行也就难免盲目了。

（二）双方的不同的立场和利益诉求

巴黎总部与马伯乐在重返中国西藏拉萨传教问题上存在分歧，并且双方持有各自截然相反的态度，这很大程度上取决于二者不同的立场及利益诉求。

---

81 A. M. E., vol.527, lettre de Mgr. Pérocheau aux directeurs des M.E.P., le 1er septembre 1847, p.298.

82 A. M. E., vol.527, lettre de Mgr. Pérocheau aux directeurs des M.E.P., le 1er septembre 1847, p.298.

1. 巴黎总部的立场及利益诉求

在重启中国西藏教务问题上，自波尔基提出西藏教务分离以来，巴黎方面在步调上就始终与罗马保持一致，甚至更为积极。

首先，这源自于他与罗马教廷的"嫡亲"关系。这种特殊关系的形成有着深厚的历史传统。前文已经述及，巴黎外方传教会的创建体现了罗马重新掌管自 15 世纪以来一直由葡萄牙、西班牙把控的海外传教事务的意愿。因此，自成立起，巴黎外方传教会就是一支直接隶属于罗马教廷的天主教海外传教组织。1846 年，罗马教廷将包括拉萨在内的四个新建代牧区全部委托给巴黎外方传教会管理，对此，巴黎总部认为这是罗马教廷对本会的巨大的信任，并且极力劝说属下接受这一决定，以免得罪罗马。[83]由此可见巴黎总部对罗马教廷言听计从的态度。

另一方面，贯彻罗马教廷的决议对巴黎外方传教会来说也意味着种种好处。巴黎外方传教会于 17 世纪 80 年代入华，当时耶稣会、遣使会等欧洲修会在华发展已有很长的历史，基本上把控了中国大部分的天主教教务，致使巴黎外方传教会在华的传教规模和影响远不及其他修会。到 19 世纪上半叶，它的传教区域仅限于中国西南边陲的云、贵、川及东北地区，这使它急于拓展在华传教教务。此时，罗马教廷指定其前往中国西藏开展传教活动，为其扩大在华传教势力范围提供了良好契机。

再者，西藏教务历来以其艰巨程度而显得分量很重，如果能够啃下这块硬骨头，改写早期天主教在西藏屡战屡败的传播历史，这对于巴黎外方传教会来说无疑将具有很重要的意义。为此，巴黎总部曾经在公开信中强调说："这一重任……是我会的荣誉"，[84]将西藏传教会"置于我会的名下，会突出我们传教会。"[85]

2. 马伯乐的立场及利益诉求

巴黎总部积极筹划重返中国西藏拉萨传教，如果说它始终是站在罗马教廷及本会拓展在华传教势力范围的立场上，那么马伯乐反对这一计划则是为了维护基层传教士的利益以及四川传教会本会的利益。

1844 年中法《黄埔条约》的签订以及道光帝依议耆英"容教"之奏请，

---

83 A. M. E., vol.171, lettre commune du 10 mai 1846, p.179.

84 A. M. E., vol.171, lettre commune du 10 mai 1846, p.179.

85 A. Launay, *Histoire de la mission du Thibet,* tome 1, Paris: Les Indes Savantes, 2001, pp.65-69; A. M. E., vol.171, Lettre commune du 10 mai 1846, p.181.

这虽然使清朝政府的禁教政策有所松动，但是"于外国习教者，仍禁其擅入内地"。[86]因此，当时在华外国传教士被严格禁止游走于五口通商口岸之外。1846年年初，法国遣使会传教士古伯察和秦噶哗在拉萨被清朝官府逮捕，成为了最早因违反此禁令被驱逐出西藏的外国传教士。[87]被遣返回广东之前，两位遣使会传教士先是被提解至四川成都受审，[88]马伯乐因其四川宗座代牧主教的身份率先掌握了这一事件的来龙去脉，对当时进藏的法国修会传教士被驱逐的遭遇感同身受。作为主教，为维护本会传教士们的利益，避免他们重蹈两位遣使会传教士覆辙，马伯乐强烈反对在当时向中国西藏拉萨派遣法国传教士。他认为："这条路上的中国人将长时间地记着古伯察与秦噶哗被驱逐的事件"；[89]他提醒巴黎总部："设想，我们的同仁幸运地到达拉萨，很快他们开始传教，他们就会被识破身份，遭遇同古伯察和秦神父一样令人悲伤的命运。"[90]担心巴黎总部不会对此给予足够的重视，马伯乐说："耆英亲王曾就古伯察和秦噶哗的西藏之旅禀报皇帝，陛下回答：'请确定这些传教者是否是法国人，如果您确定（他们是法国人），让人将他们交给他们的领事。'我这里有长长的汉文文书，也就是说（中国）皇帝不愿意法国人前往西藏传教。因此，（中国皇帝的）许可对于想去拉萨的传教士们来说是必须的。"[91]这也从侧面反映出，第一次鸦片战争后，清廷依据条约严禁欧洲传教士至五口之外活动，西藏自然也不能例外。1846年秦噶哗和古伯察从西藏被驱逐，这一事件对外国在华传教人员形成了巨大的震慑作用。除了本会传教士前往中国西藏拉萨传教所面临的政治风险之外，马伯乐还考虑到他们在进藏沿途会面临的极大的生命威胁。马伯乐管理的四川教区邻近西藏，多年的蜀地传

---

86 中国第一历史档案馆、福建师范大学历史系：《清末教案》，第一册，北京：中华书局，1996年版，第10页。

87 据清末教案档案记载，同年，又有两位外国传教士陆怀仁和牧若瑟遭遇同样的处罚。参见中国第一历史档案馆、福建师范大学历史系：《清末教案》，第一册，北京：中华书局，1996年版，第16-42页。

88 中国第一历史档案馆、福建师范大学历史系：《清末教案》，第一册，北京：中华书局，1996年版，第16页。

89 A. M. E., vol.527, lettre de Mgr. Pérocheau aux directeurs des M.E.P., le 1er septembre 1847, p.297.

90 A. M. E., vol.527, lettre de Mgr. Pérocheau aux directeurs des M.E.P., le 1er septembre 1847, p.297.

91 A. M. E., vol.527, lettre de Mgr. Pérocheau aux directeurs des M.E.P., le 1er septembre 1847, p.297.

教活动使他对藏区恶劣的自然、地理条件早有耳闻，再者，秦噶哔、古伯察二人对遣返途中川藏沿线道路险境有种种骇人描述，出于对传教士们生命安全的考虑，马伯乐坚决反对派遣巴黎外方传教会传教士前往中国西藏拉萨传教。

除却基层传教士的立场，身为四川传教会的主教，马伯乐不得不为四川教区的利益多做考虑。自康熙末年"禁教"以来，巴黎外方传教会在四川的传教活动就一直潜藏地下秘密开展，即便是中法《黄埔条约》签订之后，由于四川地处五口通商口岸之外的内地，四川的传教活动依旧不能公开进行，在此背景下，如果从四川派遣法国传教士进藏传教，马伯乐十分担心会首先暴露外方传教会在四川的传教活动。对此，马伯乐表示："如果官府是基督教的敌人，他会知道这些法国人在这个省（指四川省——译者）有他们的同胞，他将会命令搜索并驱逐逮捕（我们的传教）同仁"[92]由此可以看出，马伯乐深知，冒然从四川派遣传教士前往拉萨传教，一经发现，便会暴露四川传教会的活动，这将会置本会于巨大的危险之中。对此，马伯乐不得不心怀戒备，继续保持在前往西藏拉萨传教问题上的谨慎态度。

尽管，在外方传教会巴黎总部就前往中国西藏拉萨传教计划征求意见的公开信发出之后，基于西藏严酷的自然、地理条件及以往藏区传教失败的经验教训，特别是基于当时清廷禁止传教士进入中国内地的政令，四川传教会主教马伯乐对该计划一再表示强烈反对。无奈，以罗马教廷和巴黎总部为代表的天主教会上层对马伯乐较为务实谨慎的传教态度视而不见，对其理性、中肯的建议未予采纳，中国西藏教务即将得以重启，巴黎外方传教会的传教士们即将开启进藏活动以前往西藏首府拉萨开展传教活动。

第三节　遣使会传教士秦噶哔与古伯察对西藏传教权的强烈诉求

一、秦噶哔、古伯察介入西藏教务

同巴黎外方传教会一样，遣使会也是法国的一个天主教传教修会。1699

---

92 A. M. E., vol.527, lettre de Mgr. Pérocheau aux directeurs des M.E.P., le 1er septembre 1847, p.297.

年，遣使会进入中国后，主要在河北、蒙古、河南、浙江等地开展传教活动。遣使会在华传教势力范围并不包括西藏，罗马教廷也从未将西藏传教权授予遣使会。可以说，遣使会素来与西藏教务无任何直接关系。

然而，就在西藏—印度斯坦宗座代牧主教波尔基同罗马教廷筹谋西藏教务，欲将其交给巴黎外方传教会接管之际，遣使会传教士秦噶哔（Gabet）、古伯察（Huc）却与西藏教务发生了实际交集。秦、古二人分别于 1835 年和 1839 年到达澳门，并先后前往遣使会北京传教会（la Mission française de Pékin）下辖的蒙古教区传教。1844 年 8 月，受穆利主教（Mgr de Mouly，孟振生主教）之命，秦噶哔和古伯察从黑水川（Les Eaux Noires）传教堂口别咧沟（Piéliékéô）出发向西行进，他们称此行的目的在于探访广阔的蒙古鞑靼地区，并深入研究他们负责向其传教的蒙古游牧民族的风俗习性。[93]但是，两位传教士在出发近一年后改变了他们最初的计划，于 1846 年初进入中国西藏首府拉萨开始传教。

后来，在 1847 年 8 月写给罗马教廷传信部红衣主教菲利普·弗朗索尼（Philippe Fransoni）的一封信中，秦、古二人解释说，他们之所以改变之前的计划前往中国西藏，是为了探究一直以来在鞑靼人（指蒙古人——笔者注）当中传播天主教成效不佳的原因："与佛教神甫（指喇嘛——译者）和鞑靼民众关系越亲密，我们越是认为必须前往西藏。实际上，鞑靼偶像崇拜（idolâtre——原文）庙宇中的大喇嘛及长上都是西藏人。他们都是在西藏的喇嘛寺中培养出来的。鞑靼喇嘛如果想在当地有威信，都要到西藏去学习。所有的经书都是用藏语印刷并诵读。还有，在（蒙古的）一些大喇嘛庙，辩经的通用语言必须是藏语……这就是为什么在整个蒙古（人们）只相信来自西藏的教义。因此，也只有在那里（指西藏——译者）才能找到至今让鞑靼人对基督教义怀疑的唯一缘由。"[94]秦、古二人称他们也曾想就计划的改变向北京教区孟振生主教请示，无奈战乱阻止了他们："汉人和廓尔喀人之间爆发了战争，大批土匪四处侵扰，我们不能返回，甚至不能向我们的（孟振生）主教寄送

93　Lettre de Evariste Huc à Jean-Baptiste Etienne, Macao, le 20 décembre 1846, in Jacqueline Thèvenet, *Joseph Gabet, Evariste Huc，Lettres de Chine et d'ailleurs 1835-1860，*Paris: Les Indes Savantes, 2005, p.322.

94　Lettre de Joseph Gabet au Cardinal Philippe Fransoni, Paris-Rome, août 1847, in Jacqueline Thèvenet, *Joseph Gabet, Evariste Huc，Lettres de Chine et d'ailleurs 1835-1860，*Paris: Les Indes Savantes, 2005, p.174.

最新的消息。"[95]由此可见，秦古二人进藏传教并非罗马教廷授权，亦非遣使会长上批准，而是他们自作主张的个人行为。

　　秦噶哗、古伯察于 1846 年 1 月到达拉萨，3 月份便被清朝驻藏大臣琦善逮捕，随后被逐出西藏、遣送至广州法使处。遣返途中，秦噶哗和古伯察就已经开始信心百倍地筹谋他们重返西藏拉萨传教之计划。首先，他们准备给教廷传信部寄一份关于他们之前进藏传教活动的"详细且准确"的报告，请求批准他们返回西藏拉萨传教；然后，意识到清政府是他们重返西藏拉萨传教的最大障碍，秦、古二人打算通过法国驻华领事北古向清朝政府提出强烈抗议，抗议琦善驱逐他们的"暴力行为"，以此迫使清政府就此做出经济补偿并保障以后传教士们能安全前往拉萨；[96]除此之外，秦古二人还表示，他们十分有信心通过法国政府的外交干预获得清政府批准返回西藏传教："英国人的那场战争（指第一次鸦片战争——译者）所引起的中国人的惧怕，他们（指中国人——译者）当中我们随处可见要与法国和谐相处的强烈愿望，为的是利用她（指法国——译者）的帮助对抗英国，还有法国政府对天主教传华事业所表现出的兴趣与尽心尽力，所有这些都让人对我们努力的良好结果毫不怀疑，我们认为接下来能够重返西藏并传教，使圣教的种子在那里生根发芽。"[97]由此可见，秦、古二人重返中国西藏传教的勃勃雄心与清政府在第一次鸦片战争后所面临的严峻国际形势不无关系。

　　几乎在秦噶哗、古伯察实际介入中国西藏教务的同时，罗马教廷、西藏—印度斯坦宗座代牧主教波尔基及巴黎外方传教会也正在筹谋重启中国西藏教务。在此期间，秦噶哗和古伯察大部分时间跋涉在进出西藏的荒原险途之中，对罗马教廷关于中国西藏教务的新举措毫不知情。到达广东并返回澳门后，他们才得知西藏传教权已经由罗马教廷交给了巴黎外方传教会："一些突发的新情况阻止了这一计划（指重返西藏传教的计划——译者）。我们听说，在我们

95　Lettre de Joseph Gabet à la Pape Pie IX，Rome, le 25 août 1847, in Jacqueline Thèvenet, *Joseph Gabet, Evariste Huc，Lettres de Chine et d'ailleurs 1835-1860*，Paris: Les Indes Savantes, 2005, p.211.

96　Lettre de Joseph Gabet à Florent Daguin, Paris, le 4 novembre 1848，in Jacqueline Thèvenet, *Joseph Gabet, Evariste Huc，Lettres de Chine et d'ailleurs 1835-1860*，Paris: Les Indes Savantes, 2005, p.226.

97　Lettre de Joseph Gabet à Florent Daguin, Paris, le 4 novembre 1848，in Jacqueline Thèvenet, *Joseph Gabet, Evariste Huc，Lettres de Chine et d'ailleurs 1835-1860*，Paris: Les Indes Savantes, 2005, p.227.

西藏（活动）期间，传信部因为不知道那里（指西藏——译者）已经有一些传教士（指的就是他们两人——译者），所以在这一地区设立了宗座代牧区，并将之交给了巴黎外方传教会，以至于我们不再能自由地返回那里。"[98]秦、古二人在信中将西藏传教权归属的变化称之为"突发的新情况"，一方面表明事发突然，二人之前对此事并不知情，这正如他们随后所说："我们（当时）并不知道传信部关于西藏的新举措，只是在到达澳门之际，我们才得知四川宗座代牧马克祖拉主教（即马伯乐——译者）被授权筹建这一传教会。"[99]另一方面也说明，当时天主教会上层针对中国西藏教务推出新举措，使得西藏传教事业正面临着一个崭新的局面。这一崭新局面显然对秦、古两位遣使会传教士很不利，因为，西藏教务要是旁落巴黎外方传教会，这无疑将会成为他们实施重返西藏拉萨传教计划的又一大障碍，而这一障碍之大在某种意义上甚至超过了清政府禁止传教士进藏的禁令。因为，西藏传教权一旦确定移交给巴黎外方传教会，就教会内部章程规定而言，秦、古二人将不能"合法"进藏，重返中国西藏拉萨开展传教活动将无从谈起。

二、返回欧洲诉求西藏传教权

突如其来的形势变化使得秦、古二人一时不知所措。思踌再三，他们决定转而征求传信部驻中国当家处管家菲力西亚尼（Feliciani）神父的意见。后者就此反复考虑之后，强烈建议秦、古二人返回欧洲向罗马教廷讲明情况以争取西藏传教权。[100]秦、古二人很快对菲力西亚尼的建议予以认同。1846年10月28日，古伯察在澳门写信给遣使会巴黎总部长上让·巴颇蒂斯特·埃迪安（Jean-Baptiste Etienne），信中这样写道："我们从来没有想过一趟欧洲之行是必须的……但是，我们已经感觉到写信对于处理超出常规的事务应该

---

98 Lettre de Joseph Gabet à Florent Daguin, Paris, le 4 novembre 1848，in Jacqueline Thèvenet, *Joseph Gabet, Evariste Huc，Lettres de Chine et d'ailleurs 1835-1860，*Paris: Les Indes Savantes, 2005, pp.226.

99 Lettre de Joseph Gabet au Cardinal Philippe Fransoni, Paris-Rome, août 1847, in Jacqueline Thèvenet, *Joseph Gabet, Evariste Huc，Lettres de Chine et d'ailleurs 1835-1860，*Paris: Les Indes Savantes, 2005, p.177.

100 就返回欧洲诉求西藏传教权一事，秦噶毕和古伯察只是听取了菲力西亚尼的建议，他们既没有请示他们的上级孟振生主教，也没有知会遣使会巴黎总部及遣使会设在澳门的总务处，其中原因不得而知。参见 Jacqueline Thèvenet, *Joseph Gabet, Evariste Huc，Lettres de Chine et d'ailleurs 1835-1860，*Paris: Les Indes Savantes, 2005, p.157

是不够的……我们尤其认为，一封以我们曾经去过那里（指西藏——译者）为唯一理由的信，永远不会说服任何人相信我们是从精神和体质上能够胜任拉萨之行的唯一人选。正是出于这一动因，秦噶哔先生，尚未从那难以置信的旅途之难以置信的疲惫当中休养过来，毫不犹豫的放弃（继续）休息并立即登船（返回欧洲），去推进一项我们认为比鞑靼传教会重要得多的事务。"[101]此项所谓"重要得多的"事务就是争取西藏传教权。

秦噶哔于 1847 年 1 月返回欧洲。在巴黎停留了几个月之后，秦噶哔得到遣使会长上的允许离开巴黎，于 1847 年 8 月 14 日到达罗马。为从罗马教廷那里"合法地"获得西藏教务管理权，秦噶哔向传信部红衣主教菲利普·弗朗索尼（Philippe Fransoni）陈述巴黎外方传教会在"前往拉萨传教"事务上的劣势，同时阐明他同古伯察在同一事务上的优势所在。兹详述于下：

（一）由川入藏面临巨大的自然障碍和政治风险

与马伯乐的观点基本一致，秦神父指出，矗立在川藏之间的"难以逾越的陡峭山脉和宽深河流使这条（进藏之）路深渊绝壁连连不断"，这是欧洲传教士由川入藏的自然屏障所在。[102]而驻扎在川藏线上的清朝官兵则是传教士们不可逾越的人为障碍。1844 年中法《黄埔条约》的签订只允许传教士们在通商五口岸自由活动，五口之外依然禁行。因此，当时所有来华活动的欧洲传教士在中国内地穿行均需乔装打扮、隐匿身份。即便如此，鉴于川藏线上严密驻守的清廷官兵的盘查，秦、古二人认为，"所有这些方法（指乔装打扮、隐匿身份——译者）在四川通往西藏的道路上都是行不通的"，传教士们"必然会被（清朝士兵）认出并被逮捕。"[103]

秦噶哔提出传教士不可能由川入藏，其根本目的在于指出巴黎外方传教会前往拉萨传教的不可能性。因为，罗马教廷属意巴黎外方四川传教会主教

---

101 Lettre de Evariste Huc à Jean-Baptiste Etienne, Macao, le 28 octobre 1846, in Jacqueline Thèvenet, *Joseph Gabet, Evariste Huc，Lettres de Chine et d'ailleurs 1835-1860*，Paris: Les Indes Savantes, 2005, pp.339-340.

102 Lettre de Joseph Gabet à Florent Daguin, Paris, le 4 novembre 1848，in Jacqueline Thèvenet, *Joseph Gabet, Evariste Huc，Lettres de Chine et d'ailleurs 1835-1860*，Paris: Les Indes Savantes, 2005, p.178.

103 Lettre de Joseph Gabet à Florent Daguin, Paris, le 4 novembre 1848，in Jacqueline Thèvenet, *Joseph Gabet, Evariste Huc，Lettres de Chine et d'ailleurs 1835-1860*，Paris: Les Indes Savantes, 2005, p.178.

马伯乐筹建西藏传教会，如果计划得以实施，后者必然会派遣传教士由川进藏。鉴于此，秦噶哔和古伯察宣称，为增加进藏成功的可能性，他们二人准备避开清朝官兵严格把守的川藏线："通过一条在我们看来更合适的路线，我们选择，在这种情况下，经由加尔各答和尼泊尔的路线，我们前往喜马拉雅山口……从那里进入西藏……。"[104]来到中国之后，秦噶哔、古伯察先后由中国东南沿海的澳门穿越几乎整个中国中原地区到达蒙古传教。1846 年到达西藏后被捕，然后又被清政府从拉萨经由四川、陕西、湖北、江西等地解押回广东。作为欧洲传教士，秦、古二人曾穿行于中国内地，又亲历青藏线与川藏线，因此对欧洲传教士不可能由川入藏的判断应当是很有说服力的。

（二）欧洲传教士在拉萨存在隐匿身份及立足等困难

秦、古二人指出："（在拉萨的欧洲传教士）不可能像在中国其他城市那样，保持身份隐匿而不被认出。这个城市（指拉萨——译者）有 4 万居民，西藏人、蒙古人、穆斯林、汉人及印度人；每一个种族都有自己的管理者……他（指管理者——译者）在他们的护照上签证，在他们到来之际……"[105]此言意在指出，拉萨当地对外来人员的检查十分严格，即使巴黎外方传教会传教士突破清政府沿途官兵的盘查到达拉萨，也难以在拉萨停留而不被识破身份。秦、古二人还进一步指出，即使"一位传教士得以潜入拉萨并在那里站住脚，如果他对喇嘛们的教义、风俗及习惯没有深入的了解，则（传教）成功的可能性极小。……他们（指喇嘛们——译者）是当地的统治者，得到他们的信任，传教就成功了一半。但是如果与他们为敌，就等于关闭了自己与宗教（指天主教——译者）进入西藏的大门。"[106]言下之意，巴黎外方传教会从未涉足西藏，对于西藏及其宗教文化完全陌生，既不了解拉萨也没有接触过喇嘛，它派出的传教士即使能够到达拉萨并住下来，也未必能成功开展

---

104 Lettre de Joseph Gabet à Florent Daguin, Paris, le 4 novembre 1848，in Jacqueline Thèvenet, *Joseph Gabet, Evariste Huc，Lettres de Chine et d'ailleurs 1835-1860,* Paris: Les Indes Savantes, 2005, p.179.

105 Lettre de Joseph Gabet à Florent Daguin, Paris, le 4 novembre 1848，in Jacqueline Thèvenet, *Joseph Gabet, Evariste Huc，Lettres de Chine et d'ailleurs 1835-1860,* Paris: Les Indes Savantes, 2005, p.178.

106 Lettre de Joseph Gabet à Florent Daguin, Paris, le 4 novembre 1848，in Jacqueline Thèvenet, *Joseph Gabet, Evariste Huc，Lettres de Chine et d'ailleurs 1835-1860,* Paris: Les Indes Savantes, 2005, p.178.

传教活动。

相较而言，秦、古认为他们二人不仅到过拉萨并在那里停留了一段时间，同时还结识了拉萨的摄政和一些喇嘛，而且还受到了他们的欢迎，摄政甚至将他的一间房子租给了他们。[107]二人表示：“我们确信在那里（指拉萨——译者）会受到摄政以及我们认识的许多喇嘛们的欢迎，他们非常渴望我们返回那里。”[108]从西藏被驱逐之后，秦、古就一直对外界宣扬拉萨摄政曾对他们二人十分友好，并说拉萨摄政非常期待他们重返拉萨传教[109]，其真实性不得而知。不过，秦、古二人发表此类言论的主要的目的在于促使传信部相信，他们二人对于拉萨来说不再是“陌生的欧洲人”，他们二人了解西藏的宗教和文化，可以在最大程度上避免重蹈以往欧洲传教士在拉萨传教失败之覆辙。

（三）四川主教马伯乐支持秦、古二人前往西藏拉萨传教

在被清朝官兵押解回广东的途中，秦、古二人途径四川时曾给四川主教马伯乐写了一封信，详细讲述了他们在拉萨传教并被驱逐的遭遇。返回澳门之际，他们收到了马伯乐于 1846 年 7 月 2 日写的回信。信中写道：“你们好心给我写的信让我非常高兴，我就你们给我讲述的详细情况感谢你们，希望（你们）一两年后返回拉萨并完成这项美好的事业（指福音归化西藏——译者）。”[110]根据这一内容，秦、古二人推断：“或者西藏被设立为宗座代牧区的消息尚未传至他（指马伯乐——译者）那里，或者，如果她（指消息——译者）传至（马伯乐处），他（指马伯乐——译者）已经放弃了圣座赋予他在这

---

107 Idem, Lettre de Joseph Gabet à Florent Daguin, Paris, le 4 novembre 1848, in Jacqueline Thèvenet, *Joseph Gabet, Evariste Huc，Lettres de Chine et d'ailleurs 1835-1860，* Paris: Les Indes Savantes, p.178.

108 Lettre de Joseph Gabet à Florent Daguin, Paris, le 4 novembre 1848，in Jacqueline Thèvenet, *Joseph Gabet, Evariste Huc，Lettres de Chine et d'ailleurs 1835-1860，* Paris: Les Indes Savantes, 2005, p.227.

109 此类言论见诸于秦噶哗、古伯察的书信，只是他们的一家之言，真实性不得而知。参见古伯察著，耿昇译：《鞑靼西藏旅行记》，北京：中国藏学出版社，2012 年，第 19 至 20 页；Lettre de Joseph Gabet à Florent Daguin, Paris, le 4 novembre 1848，in Jacqueline Thèvenet, *Joseph Gabet, Evariste Huc，Lettres de Chine et d'ailleurs 1835-1860，* Paris: Les Indes Savantes, 2005, p.227.

110 Lettre de Joseph Gabet à Florent Daguin, Paris, le 4 novembre 1848，in Jacqueline Thèvenet, *Joseph Gabet, Evariste Huc，Lettres de Chine et d'ailleurs 1835-1860，* Paris: Les Indes Savantes, 2005, pp.177-178.

一地区的（传教）权力。"[111]他们还补充道："一些来自中国的消息告诉我们，四川宗座代牧主教（即马伯乐——译者）正期待着我们重返西藏（传教）。"[112]很有可能马伯乐建议罗马教廷和巴黎总部将西藏传教权交给遣使会的消息已经被秦、古获悉，这在无形当中大大增加了秦噶哔、古伯察争得西藏传教权的信心。

（四）借助法国政府的外交干涉迫使清政府同意他们重返拉萨传教

除去以上几点之外，秦噶哔、古伯察认为，相较于巴黎外方传教会，他们还有另一个较大的优势：他们被清廷逐出西藏并遣送广东，这使得他们有理由请求法国政府通过外交途径迫使清廷为他们重返拉萨传教提供保障。秦神父就此说道："对于我们，我们的权利被中国政府所损害，我们有希望通过我们领事（的帮助）得以自由返回拉萨并定居……一些来自中国的消息告诉我们……那位在拉萨迫害我们的汉官（指琦善——译者）已经受到了严厉的责罚。在法国驻中国权力机构的抗议之下，前往西藏的路可能会由世俗权力为我们打开。"[113]秦、古二人认为这一点对当时西方传教士进藏传教成功至关重要。1846年和1848年，秦噶哔和古伯察的确曾先后两次写信给法国外交部，试图说服法国政府，为他们在拉萨以及由拉萨返回广州途中遭受的"不公正与迫害"向清政府要求补偿，并准备借此迫使清廷允许他们返回西藏拉萨传教。[114]

---

111 Lettre de Joseph Gabet à Florent Daguin, Paris, le 4 novembre 1848，in Jacqueline Thèvenet, *Joseph Gabet, Evariste Huc, Lettres de Chine et d'ailleurs 1835-1860*, Paris: Les Indes Savantes, 2005, p.178.

112 Lettre de Joseph Gabet à Florent Daguin, Paris, le 4 novembre 1848，in Jacqueline Thèvenet, *Joseph Gabet, Evariste Huc, Lettres de Chine et d'ailleurs 1835-1860*, Paris: Les Indes Savantes, 2005, p.179.

113 Idem, p.179.琦善因逮捕和遣返秦噶哔与古伯察而被"严厉惩罚"只是秦古二人的"一厢情愿"，琦善其实并未因此受到惩罚，之后，他移任四川总督。

114 在现今法国外交部档案馆内保存有秦噶哔与古伯察写给法国政府的两封信。一封信写于秦、古二人刚刚被遣送至澳门后不久，时间为1846年10月。在这封题为《遣使会会士秦噶哔与古伯察向法国政府申明抗议中国政府于 1846 年在西藏对他们实施的压迫和不公正》的信中，"驻藏大臣将法国传教士逐出拉萨"事件被定性为对天主教以及法国国家声誉的侮辱，言称中国人比其他任何国家的人都能预料到，法国政府会就这样一件针对法国的自负行为同琦善算账，法国政府如果对此保持沉默将会使人非常惊讶。另一封信写于1848年，基本上是对1846年那封信的重复。但是，秦古二人并未收到关于这两封信的任何回应。参见 A.M.A.E.（Archives du Ministère des Affaires Etrangères）Chine 12.

三、诉求失败

得知西藏传教权已经在罗马教廷的主导下交给了巴黎外方传教会，想要天主教会上层意识到他们二人应当优先获得西藏传教权，就必须要在法理上找到依据。为此，秦、古二人援引 1784 年传信部曾给当时的四川宗座代牧——阿加托波利斯（Agathopolis）主教[115]的指示："在一个广阔地区，当传教机会出现之际，又没有任何一个罗马教廷任命的主教加以阻止，在此传教的合法性将毋庸置疑"。[116]他们声称，当他们抱着发现"佛教迷信"源头的想法前往中国西藏之际，中国西藏对于天主教还是一个空白地带，没有教徒，也没有主教，因此当时所有的传教士都有权进藏传教，且拥有在这个地区传教的合法权利。[117]

但是，尽管秦、古二人先后两次给法国外交部写信"控诉"清政府的"迫害"，他们却未能就此获得任何支持，他们甚至从未就此收到来自法国外交部的任何回应。秦噶哗前往罗马，将他同古伯察对西藏教务的详尽筹划报告呈交给教廷传信部，同时巴黎外方四川传教会主教马伯乐也一再向教会上层推荐由遣使会来承接西藏传教权，罗马教廷却始终保持此前做出的由巴黎外方会重返中国西藏开展传教活动的决定。1848 年 11 月 4 日，秦噶哗在写给一位名为弗劳航·达甘（Florent Daguin）的主教的一封信中述说，他在罗马的处境充满了"挫折和严词拒绝"。[118]秦噶哗、古伯察此次诉求西藏传教权以失败而告终。

115 即范益盛主教（François Pottier），1726 年出生于法国安德尔—卢瓦尔省的拉沙佩尔—圣-依波利特（La Chappelle-Saint-Hippolyte），1753 加入巴黎外方会，同年晋铎，1756 年入川，1767 年升任四川宗座代牧，被任命为阿嘉托波利斯主教。参见 Notice bibliographique de François Pottier，Archives des missionnaires des M.E.P., N.202.

116 Lettre de Joseph Gabet au Cardinal Philippe Fransoni, Paris-Rome, août 1847, in Jacqueline Thèvenet, *Joseph Gabet, Evariste Huc，Lettres de Chine et d'ailleurs 1835-1860*，Paris: Les Indes Savantes, 2005, p.177.

117 Lettre de Joseph Gabet à Florent Daguin, Paris, le 4 novembre 1848，in Jacqueline Thèvenet, *Joseph Gabet, Evariste Huc，Lettres de Chine et d'ailleurs 1835-1860*, Paris: Les Indes Savantes, 2005, p.177..

118 Lettre de Joseph Gabet à Florent Daguin, Paris, le 4 novembre 1848，in Jacqueline Thèvenet, *Joseph Gabet, Evariste Huc，Lettres de Chine et d'ailleurs 1835-1860*, Paris: Les Indes Savantes, 2005, p.237.

小　结

第一次鸦片战争后,清廷禁止天主教传华的"禁教"政策开始松动,允许天主教传教士在通商五口范围内自由活动。但是,在五口之外的内地,却仍旧恪守康熙末年以来的天主教传华禁令。马伯乐和罗马教廷、外方传教会巴黎总部之间关于"重返中国西藏传教"计划上的这场分歧,不仅与他们各自所持在华传教立场有关,更与他们对当时清政府宗教政策以及天主教传华环境与形势的不同理解有着密切关联。马伯乐凭借自己多年在华秘密传教的经验,对违反禁令的传教行为慎之又慎;罗马教廷和巴黎总部则更多地看到了清廷宗教政策变化对在华传教所带来的积极影响,因此而主张采取一种更为激进的传教策略。

纵观利玛窦以来天主教在中国的传播历史,适应中国社会文化及政治以求生存的现实主义传教策略向来就与无视甚至对抗中国政治及传统的主观主义传教策略并存。从时间脉络来看,19 世纪中叶马伯乐主教与教会上层在"重返中国西藏拉萨传教"问题上的这场分歧,事关天主教自传华以来的路线之争,反映出近代天主教会内部在重启中国西藏教务问题上的不同声音和态度。秦噶哗与古伯察对西藏传教权的强烈诉求则更加反映出当时天主教会内部重返中国西藏传教的高涨情绪。

然而这场分歧与以往的路线之争又有所不同。这场分歧正值清道光年间,此时第一次鸦片战争刚刚结束不久,"天朝上国"之中国虽受到西方殖民势力的侵扰,但其相对坚实的根基并未被彻底触及。清政府在对待天主教传华和信仰问题上的政策虽有一定的变化,但与第二次鸦片战争之后"禁教"政策彻底废弃又有所不同。[119] 这也使得这场分歧有了不一样的色彩:一方面,清政府在传教政策上的转变一定程度上为这场分歧提供了契机;另一方面,从这场分歧可以看出,这一时期清廷"容教"之序幕虽已开启,但"禁教"之余威犹存。

19 世纪中叶,罗马教廷只看到了西方各强国向中国渗透给重返中国西藏

---

[119] 第二次鸦片战争之后,《黄埔条约》中有关五口传教的限制被彻底打破。英、法、美、俄等国同清政府签订了《天津条约》,将外国人的活动范围扩大至整个内地,并且规定:"耶稣圣教暨天主教,原系为善之道,待人知己。自后凡有传授习学者,一体保护,其安分无过,中国官毫不得刻待禁阻。"参见王铁崖:《中外旧约章汇编》第一册,北京:三联书店,1957 年,第 97 页。

传教带来的机遇，外方传教会巴黎总部则严格执行罗马教廷的指令，把重返中国西藏传教作为扩大其在华传教势力范围并彰显其实力的契机，遣使会传教士秦噶哗、古伯察也激烈争夺西藏传教权，以上各方不仅未吸取历史上天主教在西藏传播失败的经验教训，对西藏是否具备传播天主教的基本条件未做详实考察论证，也未就此向相对了解实际情况的马伯乐主教征求意见和建议。因此，重返中国西藏传教从一开始就是以罗马教廷、巴黎总部为代表的教会上层所主导的一场教会"圈地运动"。天主教会重返中国西藏传教计划就此仓促上马，这为接下来巴黎外方传教会在藏区的活动埋下了种种隐患。

第三章　西藏传教会首次进藏活动 始末与相关外交交涉

　　自 16 世纪天主教传入中国，教会内部关于在华传教策略的分歧就一直存在，激进主义和现实主义两种传教路线之间的争论时有发生。1846 年罗马教廷以中国西藏拉萨为核心地带宣布设立拉萨宗座代牧区，命巴黎外方传教会组建西藏传教会重返中国西藏拉萨传教，同时责令巴黎外方四川传教会主教马伯乐主持西藏传教会的初期工作。[1] 在此背景下，在四川传教会内部，主教马伯乐和神父罗勒拿二人就巴黎外方西藏传教会首次进藏活动的分歧却日渐扩大，成为了中国西藏教务重启过程中一个十分值得关注的焦点。1847 年 8 月末，罗勒拿假扮商人从四川崇庆州出发，开启西藏传教会的首次进藏活动，于 9 月初到达打箭炉，之后，经由河口（今四川雅江）、理塘、巴塘迅速向西藏地界行进，于 1848 年 3 月潜至西藏察木多，在此被清廷驻守官兵逮捕。[2] 随后，受清廷之命，驻藏大臣穆腾额及川督琦善将罗勒拿从西藏驱逐，随后将之遣送至广州法国驻华公使陆英手中，西藏传教会首次进藏活动以失败而告终。

1　Bref de Grégoire XVI pour l'érection du Vicariat Apostolique de LhassA, 27 mars 1846. In A. LAUNAY. *Histoire de la mission du Thibet.* Tome 1, Paris: Les Indes Savantes, 2001, pp.66-67.

2　A. M. E., vol.556, M. Renou aux directeurs du Séminaire des M.E.P., Hong-Kong, le 28 décembre 1848, p.11.

第一节　马伯乐主教与罗勒拿神父关于进藏活动的分歧

一、马、罗二人关于进藏传教计划的不同态度

第一次鸦片战争后，鉴于天主教传华形势的逐渐改善，罗马教廷计划由巴黎外方四川传教会主教马伯乐筹建西藏传教会以重启中国西藏教务。让罗马教廷和外方传教会巴黎总部始料未及的是，马伯乐这位由罗马教皇"钦定"的关键人物却站在了他们的对立面上，极力反对在当时由四川派遣传教士进藏传教。

然而，教会上层重返中国西藏传教的决定却"迎合"了当时四川传教会内部一些传教士"进藏传教"的呼声。历史上，虽然曾有不少天主教传教士尝试归化西藏未果，但在当时四川传教会内部，渴望到藏区传教的声音却一直存在。[3]其中最热衷于西藏教务的当属罗勒拿神父。早在拉萨宗座代牧区设立之前，罗勒拿就曾多次表示欲前往西藏传教，未果。[4]此次教会上层计划重返西藏开展传教活动，这对于渴望进藏传教已久的罗勒拿来说，无疑是提供了一个实现其"归化藏民"夙愿的绝好机会。因此，较之于马伯乐主教对"进藏传教"的坚决反对态度，罗勒拿对该计划很快做出了积极响应。1847 年 6 月 5 日，罗勒拿来到四川什邡附近何家营（ho-jia-yin）[5]马伯乐的主教府，再次向马主教表达了进藏传教的意愿。[6]

3　其中有皮埃尔·巴班（Pierre Papin）、玛尔耶特（Mariette）以及后来成为朝鲜宗座代牧的安贝尔主教（Mgr. Imbert）和满洲宗座代牧的卫浩尔主教（Mgr. Verrolles）等。参见 A. LAUNAY. *Histoire de la mission du Thibet,* tome 1, Paris: Les Indes Savantes, 2001, p.72.

4　他从 1839 年开始就向时任巴黎外方传教会会长的乌瓦赞（Voisin）先生表达过到西藏传教的意愿；其后，罗勒拿又分别于 1841 年和 1842 年两次向时任四川传教会主教的马伯乐提出前往西藏传教的请求；后者以时机尚不成熟为由，拒绝了罗的请求；即使遭到了马主教的拒绝，罗勒拿依然抱有到西藏传教的强烈愿望，在与传教同仁们的谈话和来往信件当中，他不断表达这方面的意愿，并且积极地向主教马伯乐提及一些到藏民中去传教的建议，希望由此获得前往拉萨传教的许可。参见 A. LAUNAY, *Histoire de la Mission du Thibet,* tome 1, Paris: les Indes savantes, 2001, pp.72-73.

5　据刘杰熙著《四川天主教》，马伯乐由澳门化装于 1818 年潜入四川后，一直隐居在距什邡县城 12 里的禾丰场何家营。参见刘杰熙：《四川天主教》，成都：四川人民出版社，2009 年，第 14 页。

6　A. M. E., vol.556, M. Renou aux directeurs des M.E.P., Hong-Kong, le 29 août 1849, p.57.

鉴于以罗勒拿为代表的四川传教会一部分传教士的进藏传教热忱，更主要是迫于教会上层敦促其推进西藏传教会进藏活动的压力，马伯乐最终不得不作出妥协。[7]1847 年 6 月 4 日，马伯乐写信给罗勒拿，信中道："长时间以来，您一直非常渴望致力于蛮民（Les barbares）的归化工作。如果您愿意，您可以于今年进行一次尝试。"[8]这里所说的"蛮民"指的便是藏民。[9]鉴于罗勒拿本人已经来到主教府，马主教亲自将这封信交到了他的手中。[10]由于长期以来一直期盼前往西藏"归化藏民"，罗勒拿自然未对马伯乐进藏传教的提议表示任何异议。随后，西藏传教会首次进藏活动的准备工作得以在马主教和罗神父之间展开，整个过程充斥着二人关于"进藏活动"事务的种种分歧。

二、马伯乐与罗勒拿关于进藏活动的互动与矛盾

由于对天主教会重返中国西藏传教计划持截然不同的态度，围绕西藏传教会首次进藏活动，马伯乐主教与罗勒拿神父之间不可避免产生了诸多矛盾与分歧，这在马罗二人彼此之间以及他们与巴黎总部长上们的往来信件中得以鲜明体现。其中，马伯乐给罗勒拿的相关信件写于 1847 年 6 月 4 日、7 月11 日、13 日及 8 月 2 日，罗勒拿对马伯乐的反驳则反映在他于 1848 年 12 月28 日和 1849 年 8 月 29 写给巴黎外方传教会长上们的两封信中。在这些信中，马罗二人围绕进藏传教的主导责任、第一个传教点的选择、罗勒拿藏区传教权限及传教活动范围等问题产生了诸多矛盾与分歧，兹详述于下：

（一）进藏传教的主导责任

马伯乐和罗勒拿二人对进藏传教计划的态度大相径庭，使得进藏行动第一步的迈出显得尤为艰难。马伯乐虽然在是否进藏传教这一问题上已经做出了妥协，但在进藏传教的主导责任这一问题上却一直不肯放松。他在 6 月 4日写给罗勒拿的信中称："在上帝面前思考，请告诉我您的意愿。这是我给您的一个提议，而不是我的命令。要是您接受的话，您可以在复活节后就出

7　在罗马教廷的命令签署之后，巴黎外方传教会便写信给马伯乐主教，敦促其尽快开启西藏传教会进藏传教活动。参见 A. M. E., vol.171, Le ttre commune du 10 mai 1846, p.180.

8　A. M. E., vol.556A, Mgr. Pérocheau à Renou, le 4 juin1847, p.17.

9　罗勒拿认为马伯乐是按照汉人的方式称藏民为蛮民的。参见 A. M. E., vol.556, M. Renou aux directeurs des M.E.P., Hong-Kong, le 29 août 1849, p.53.

10　A. Launay, *Histoire de la Mission du Thibet,* tome 1, Paris: les Indes savantes, 2001, p.73.

发。"[11]可以看出，马伯乐特别强调进藏传教只是他给罗勒拿的一个建议，而不是命令。言外之意，对方可以接受，亦可以拒绝，一切取决于罗的意愿。马伯乐此举意在希望由罗勒拿自己决定是否进藏，以避免对接下来进藏传教活动可能遇到的挫折和失败承担主导责任。在罗勒拿接受进藏传教任务之后，马伯乐曾写信给当时四川传教会另一位关注西藏福音传播的传教士——巴班（Papin），言称罗勒拿此次进藏传教完全取决于罗本人的主动要求。[12]不难看出，马伯乐一直在弱化自己在该次进藏活动中的主导责任。这在一定程度上投射出马伯乐的一种无奈及自我保护的心理，因为他料知此次进藏活动失败几成定局。[13]罗勒拿对此非常不满，他不认为此次进藏活动出自于他本人的主动"请缨"，要求马伯乐就此澄清事实并出具官方文书，以证明该次进藏活动"师出有名"，是奉"罗马教廷、巴黎总部及马主教的"命令行事，否则罗勒拿就拒绝出发进藏。这一点反映在 1849 年 8 月 29 日罗勒拿写给巴黎长上们的信中，罗勒拿在信中称：

> 在我从阁下（指马伯乐——译者）的住处返回后不久，……巴班神父写信告诉我说，马伯乐主教阁下在最近给他的一封信中提到，是我（即罗勒拿——译者）又一次向他（指马伯乐——译者）要求去西番（Sy-fan，罗勒拿意指西藏——译者）传教，他（指马伯乐——译者）便同意了。……一切都取决于我。这封信让我很惊讶，我认为应该向马克祖拉（Maxula 即马伯乐——译者）主教请求（给）一些澄清。最后，我认为我不能出发（前往西藏），除非马克祖拉主教阁下给我几封信以清楚地证明我是由谁及从哪里派出（前往西藏）的，以在以后可能在我身上发生尴尬情形时有官方文书出示。[14]

罗勒拿此处所谓的"尴尬情形"指的当是他进藏沿途非常可能遭遇的清兵盘查，或者指的是周围环境对罗勒拿身份的质疑。就此，罗勒拿向马伯乐提出发

11 A. M. E., vol.556A, Mgr. Pérocheau à Renou, le 4 juin1847, p.17.

12 A. M. E., vol.556, M. Renou aux directeurs des M.E.P., Hong-Kong, le 29 août 1849, p.56.

13 1848 年 3 月，罗勒拿在察木多（今昌都）被清朝官兵逮捕并遣返广东，得知其失败的消息后，贝罗书主教写信给巴黎外方传教会长上，他在信中指责罗勒拿擅自入藏是一种疯狂、一种鲁莽、一种自作主张，意在推脱自己对这一失败结果的主导责任。参见 A. M. E., vol.556, M. Renou aux directeurs du Séminaire des M.E.P., Hong-Kong, le 29 août 1849, p.51.

14 A. M. E., vol.556, M. Renou aux directeurs du Séminaire des M.E.P., Hong-Kong, le 29 août 1849, p.56.

放正式官方派遣文书的要求，其目的有两点：1. 证明自己的进藏活动是受教会派遣而非个人主观行为；2. 有官方文书在身，以在必要时出示。对此，马伯乐在信中回复罗勒拿，以"没有人会要求您（罗勒拿）出示正式的特许证书"为理由，对其发放正式官方派遣文书的要求予以回绝。[15]同时，马伯乐并不否认自己曾对巴班说过的话："我将我对巴班说过的话抄写给您：'罗勒拿先生来见我，他再次向我表明他渴望完全投身于蛮族人的归化工作，我同意了'。我写给他的这句话再真实不过了，的确是您再一次（向我）表示了要完全致力于归化蛮族人的意愿，我曾建议您部分地致力于其中。如果巴班没有领会我的意思，那不是我的错；如果您怀疑，就请巴班将那句话抄写给您！不要那么敏感易怒，亲爱的同仁，我请求您，不要因为我的真实的、无害的几句话而恼怒！[16]据此，马伯乐不仅再次强调此次进藏传教的主导就是罗勒拿，还借机指责罗在性格上存在敏感易怒的缺点。

（二）第一个传教点的选择

1847 年 6 月 4 日写给罗勒拿的信中，马伯乐对西藏传教会首次进藏活动第一个传教点的选择做出建议："我向您提议龙安府（Long-gan，今四川平武），（那里）好几个（传教）堂口分布于蛮民当中。谨慎小心的话，您将很容易就可以开启这一美好的事业。正是因此，1837 年，玛尔耶特（Mariette）欣然接受冯达拿（Fontana）[17]主教交给他的这个县（的教务）。就在玛尔耶特已经准备要开始归化土著人（指藏民——译者）之际，疾病阻止了他的工作。"[18]龙安府，即今四川平武，位于四川藏区的北部，当时处于四川传教会所辖教务范围之内。"好几个传教堂口"以及"玛尔耶特曾到此传教"，这说明天主教会当时在龙安当地已有一定的传教基础。马伯乐建议罗勒拿前往龙安，并以此地为西藏传教会第一个传教点开展传教活动。他认为，龙安府既有的、散布于"蛮民"当中的好几个传教堂口对逐步推进天主教在藏民中间传播是有帮助的，更何况之前曾有名为玛尔耶特的传教士前往龙安传教以期

15　A. M. E., vol.556A, Mgr. Pérocheau à Renou, le 13 juillet 1847, p.20.

16　A. M. E., vol.556A, Mgr. Pérocheau à Renou, le 13 juillet 1847, p.20.

17　路易·冯达拿（Louis Fontana）又名冯神父，1781 年 7 月 2 日生于意大利都灵的伊夫雷（Ivrée）。1807 年 2 月离开罗马前往四川教区，自 1817 年 6 月当选为四川宗座代牧。1838 年 7 月逝于成都。参见 Notice bibliographique de FontanA, Archives des missionnaires des M.E.P., N.323.

18　A. M. E., vol.556A, Mgr. Pérocheau à Renou, le 4 juin1847, p.17.

归化藏民。在马伯乐看来，传教基础以及"谨慎小心"的传教策略对开展藏区传教活动是非常必要的。

然而，与马伯乐对龙安优势的认识不同，罗勒拿则认为龙安在地理位置和交通条件等方面对于进藏传教存在诸多劣势。他写信给马伯乐，声言："玛尔耶特从龙安返回后和我在一起生活了 4 年，他经常对我说：'（龙安的）这些堂口分布在陕西和甘肃附近，前往西番的路很糟糕，打箭炉才是最佳选择。'"[19]同一封信中，罗勒拿从以下三个方面进行了详细阐述，以解释为什么要否定龙安、选择打箭炉作为西藏传教会的第一个传教点：

1. 语言：罗勒拿认为，"如果我们希望成功地皈依藏民，首先要学习他们的（藏文）语言"，而要卓有成效地在藏民当中传教，还要"学习使用范围最广的（藏文）语言。"[20]罗勒拿认为龙安府的语言只不过是"一非常闭塞地域的方言土话，对于其余广大的藏区毫无用处"。[21]相比之下，打箭炉是传教士学习藏语的首选地点，因为"打箭炉的语言是（藏区使用）最普遍的语言之一，在周边喇嘛那里可以找到学习书面（藏文）语言和口头（藏文）语言所需的所有资源。"[22]

2. 交通：罗勒拿认为交通的便利程度是选择西藏传教会传教点的重要考量条件。他认为："传教士应该被安置在一个与尽可能多的分布在当地的 Principauté（意即藏区土司——译者）之间交通最为便利的地方。同时（这个地方）应该（距汉地）很近，以便能够持续得到传教会补给的必需品——钱、人等。"[23]罗勒拿向马伯乐指出："它（指龙安——译者）与其他地方的交通是非常困难的。"[24]罗勒拿认为打箭炉的交通条件远远优于龙安府，因为"打箭炉是藏民汇聚的地方。每年阴历四月都会有大量的土著人（藏民——译者）到

19 A. M. E., vol.556, M. Renou aux directeurs des M.E.P., Hong-Kong, le 29 août 1849, Citant sa lettre à Mgr. Pérocheau, p.53.

20 A. M. E., vol.556, M. Renou aux directeurs des M.E.P., Hong-Kong, le 29 août 1849, Citant sa lettre à Mgr. Pérocheau, p.54.

21 A. M. E., vol.556, M. Renou aux directeurs des M.E.P., Hong-Kong, le 29 août 1849, Citant sa lettre à Mgr. Pérocheau, p.54.

22 A. M. E., vol.556, M. Renou aux directeurs des M.E.P., Hong-Kong, le 29 août 1849, Citant sa lettre à Mgr. Pérocheau, p.55.

23 A. M. E., vol.556, M. Renou aux directeurs des M.E.P., Hong-Kong, le 29 août 1849, Citant sa lettre à Mgr. Pérocheau, p.54.

24 A. M. E., vol.556, M. Renou aux directeurs des M.E.P., Hong-Kong, le 29 août 1849, Citant sa lettre à Mgr. Pérocheau, p.54.

达（打箭炉）以购买茶叶、烟草等。前往西藏的汉商也是从那里出发。"[25]另外，得益于四川到炉城较为便利的交通，"打箭炉还提供一个优势：传教士可以非常便利地与四川宗座代牧区取得联系。"[26]

3. 教务负担：罗勒拿认为，教务工作负担是选择藏区传教点的又一个重要考量条件，"应该将这个传教会（指西藏传教会——译者）打造成一个特别的传教会，……传教士应该卸下所有其他的工作。"[27]而龙安府当时已经有不少的传教堂口，一位传教士在龙安要负责牧养"1500 至 1800 位教徒"。[28]罗勒拿认为传教士如果前往龙安府工作的话，将不得不先保证对已有教民的教化，然后才能致力于归化藏民，这势必会影响传教士针对藏民的传教工作，他说："他既不会有时间学习（藏文）语言、编辑（藏文）教义书籍，也不会有空闲前往他认为有传教机会的（藏民）地区开展传教活动"。[29]

出于以上几方面的考虑，罗勒拿认为龙安极不适合作为西藏传教会的第一个传教点。[30]他说："如果阁下想开展归化西番人的（传教）事业，就丝毫不要考虑从龙安府开始。（否则）将会白白搭上一位传教士，成功的可能极小，这会打击整个未来的（藏区传教）事业。"[31]除对龙安进行否定之外，罗勒拿还对打箭炉作为西藏传教第一个传教据点做了一番设想，乐观情绪溢于言表："再容易不过的是，以经商的名义在打箭炉城里安置几个基督教徒，……（他们）可以一直帮助传教士寄信，取回寄给他们的钱并与蛮族人（即西藏人——译者）进行联系等。"[32]

面对罗勒拿的分歧，马伯乐的回答耐人寻味："我向您提议龙安府……我

25　A. M. E., vol.556, M. Renou aux directeurs des M.E.P., Hong-Kong, le 29 août 1849, Citant sa lettre à Mgr. Pérocheau, p.55.

26　A. M. E., vol.556, M. Renou aux directeurs des M.E.P., Hong-Kong, le 29 août 1849, Citant sa lettre à Mgr. Pérocheau, p.55.

27　A. M. E., vol.556, M. Renou aux directeurs des M.E.P., Hong-Kong, le 29 août 1849, Citant sa lettre à Mgr. Pérocheau, p.54.

28　A. M. E., vol.556, M. Renou aux directeurs des M.E.P., Hong-Kong, le 29 août 1849, Citant sa lettre à Mgr. Pérocheau, p.54.

29　A. M. E., vol.556, M. Renou aux directeurs des M.E.P., Hong-Kong, le 29 août 1849, Citant sa lettre à Mgr. Pérocheau, p.54.

30　A. M. E., vol.556, M. Renou aux directeurs des M.E.P., Hong-Kong, le 29 août 1849, Citant sa lettre à Mgr. Pérocheau, p.54.

31　A. M. E., vol.556, M. Renou aux directeurs des M.E.P., Hong-Kong, le 29 août 1849, Citant sa lettre à Mgr. Pérocheau, p.55.

32　A. M. E., vol.556, M. Renou aux directeurs des M.E.P., Hong-Kong, le 29 août 1849, Citant sa lettre à Mgr. Pérocheau, p.55.

的打算是让您一边照料（龙安的）教友，一边负责（归化）蛮民。您对我说，传教士必须全身心投入到蛮民（的归化）当中，并且打箭炉更好。您整个计划都让我满意，我同意……四年以来我一直渴望死去……我希望在我死之前（我们）能够着手归化蛮民……我非常渴望上帝保佑您的努力，（使您）10 年内可以归化 10 万蛮民"[33]身为四川传教会的主教，马伯乐应该很清楚，在传教活动十分困难的藏区，10 年之内根本不可能归化 10 万藏民。因为，当时巴黎外方四川传教会在川经营教务已逾百年，拥有的教民数量也不过只有 50000 多人。[34]此番言语在很大程度上表达了马伯乐对以罗勒拿为首的激进主义传教一派的揶揄。

（三）传教活动范围及权限

面对教会上层强推进藏传教活动的决意以及罗勒拿高涨的"进藏传教"热忱，马伯乐只有期望通过控制罗勒拿的传教权限及活动范围来尽量控制此次进藏活动的节奏。因此，通过对进藏步骤的详细部署，马伯乐对罗勒拿的传教活动范围和权限提出了建议。

在 1847 年 7 月 11 日的信中，马伯乐以"波尔基（Borhgi）先生只允许我给我的传教士这些权力"为由，对罗勒拿进入西藏境内后可以行使的传教权力做了严格限制。[35]信中他说："当您还在四川省内传教时，您可以行使（四川）传教士权力簿上（写明的）所有权力，……在被视为属于西藏的地方，您只拥有一般神父的权力，……在您的四川（权力）簿上，……一个十字架处，您会找到那些您不能在西藏行使的权力，大概有五到六项，或者更多，……请您准确核对。"[36]尽管暂时无从查证马伯乐信中所说"传教士权力"及"神父权力"的具体内容，但由引文内容可知两种权力有很大不同，其中，罗勒拿只能在西藏行使的"神父的权力"较之于他在四川省内可以行使的"传教士权力"少了"五到六项，或者更多"。另外值得注意的是，马伯乐还特别要求罗勒拿对自己在西藏不能行使的"五到六项，或者更多"的权力进行"准确核对"，以此对罗勒拿在西藏境内可以行使的传教权力加以严格限定。

---

33 A. M. E., vol.556A, Mgr. Pérocheau à Renou, le 13 juillet 1847, p.20.

34 巴黎外方传教会在川活动始于 17 世纪末、18 世纪初，至马伯乐 1838 年任主教之际，该会在川经营教务已有一百余年，有教民 50000 多人。参见 Notice bibliographique de Pérocheau, Archives des missionnaires des M.E.P., N.329.

35 A. M. E., vol.556A, Mgr. Pérocheau à Renou, le 11 juillet 1847, p.19.

36 A. M. E., vol.556A, Mgr. Pérocheau à Renou, le 11 juillet 1847, p.19.

因为传教活动的范围直接关系到可以行使传教权力的多寡，因此有关活动范围的争论成为了焦点。马伯乐于 8 月 2 日再次写信给罗勒拿，交代他如何分辨藏地和汉地。信中称："等您到了（西藏）当地，我认为您一定很容易分辨藏地和汉地的界限，居民很清楚他们的土司是向汉地政权还是向藏地政权纳税；这是一个非常确定的标志，能够知道您是在汉地还是在藏地传播福音。"[37]马伯乐授意罗勒拿以当地纳税情况判断自己是身处汉地还是西藏，其根本目的在于让罗勒拿正确行使自己在汉藏两地的不同权力，通过限制其权力进而限制其在藏的活动，以避免其尾大不掉，惹祸上身。同时马伯乐特别强调："我的期望是您首先在特别托付给我们的这个省（四川）的地盘上（活动），然后再在汉藏（川藏）交界地区（活动），最终，在条件允许的情况下，（再）到西藏邻近四川的地方（活动）。"[38]由此可见，马伯乐对进藏传教持一种非常谨慎的态度。他希望罗勒拿既不要直入西藏，也不要深入西藏，而是先在四川教会辖区内活动，然后再到川藏交界处，最后即使是在条件允许的情况下，也只是在西藏邻近四川的地区开展传教活动。这与教会上层最初确定的"直接前往西藏首府拉萨传教"的目标形成了鲜明对比。然而，尽管马伯乐不想让罗勒拿远离四川深入西藏腹地的愿望是显而易见的，但是他并没有禁止罗勒拿前往西藏拉萨。这使得罗勒拿首次进藏传教活动的范围失去了马伯乐所期望的约束，也为二人在西藏传教会首次进藏活动失败之后再度爆发争执埋下了隐患。

三、从禁教到容教：清廷天主教传华政策变化背景下的马、罗分歧

从上文来看，虽然马伯乐在上（罗马教廷和巴黎总部）、下（罗勒拿）挤压之下最终做出妥协，同意由罗勒拿开展西藏传教会首次进藏活动，但是，这种妥协并非完全的，而是有一定限度的。这体现在他于此次进藏活动准备工作诸方面的慎之又慎。相较之下，罗勒拿对于进藏传教则始终保持着一种高涨的热情，这一点尤其体现在他对西藏传教会第一个传教点选择上，他不同意马伯乐出于谨慎而推荐的位于藏区边缘的龙安，而是极力主张选择汉藏重镇打箭炉，他首要考虑的是如何在藏区有效开展传教活动，而将传教士的个人安危完全置之度外。与远在欧洲的罗马教廷和外方传教会巴黎总部不同，1846 年拉

---

37 A. M. E., vol.556A, Mgr. Pérocheau à Renou, le 2 août 1847, p.21.

38 A. M. E., vol.556A, Mgr. Pérocheau à Renou, le 2 août 1847, p.21.

萨宗座代牧区设立之际，马、罗二人已经同在中国四川传教多年[39]，二人竟然在西藏传教会首次进藏活动诸多方面存在如此巨大分歧，这一现象值得深入探讨。

1844 年中法《黄埔条约》的签订以及道光帝依议耆英"容教"之奏请，这使因"礼仪之争"始于康熙末年的清朝"禁教"政策开始有所松动。同时，法国在华外交及宗教势力当中，"天主教传华将获自由"的乐观主义情绪也得以产生并逐渐蔓延。然而，值得注意的是，《黄埔条约》第二十三款允许法国人在通商五口岸自由活动的同时，约定任何法国人不得越五口之界擅入内地。[40]据此，1845 至 1846 年两年间，记录在档的就有五名进入内地的外国传教士被清廷逮捕并驱逐。[41]对天主教传华持乐观态度一派更多看到的是天主教传华有利条件，与之不同的是，马伯乐更多着眼于"清政府禁止外国人进入内地"的禁令及其在驱逐违禁传教士过程中表现出的坚决态度。因此，天主教会上层决定重返中国西藏拉萨传教计划从一开始便遭到马伯乐的强烈反对。

较之于秉承"谨慎"传教策略的马伯乐，罗勒拿明显属于天主教传华激进一派。因此，对于马伯乐反对进藏传教，罗勒拿在后来写给巴黎外方传教会长上的信中公开予以驳斥，他说："如果要等到中国皇帝的许可之后再派传教士进藏（传教），西藏的福音传播将遥遥无期；按照此原则，哪一个传教会在这片东方的土地上是可能（存在）的呢？"[42]可以看出，罗勒拿显然明白"中国皇帝的禁令"是"西藏福音传播"的障碍所在，但是，当归化西藏的愿望无比迫切之时，这一障碍则被他主观地缩小了。正如劳内在《西藏传教史》一书中

---

39 马伯乐 1818 年入川，1838 年晋升四川宗座代牧区主教，至 1846 年拉萨宗座代牧区成立之际，马伯乐在川秘密生活和传教已近 30 年。参见 Notice bibliographique de Pérocheau, Archives des missionnaires des M.E.P., N.329。罗勒拿于 1838 年 5 月 15 日前往中国，经澳门、湖北，于 1839 年来到四川传教会。参见 Notice bibliographique de Renou, Archives des missionnaires de M.E.P., N.439.

40 王铁崖：《中外旧约章汇编》第一册，北京：三联书店，1957，第 62 页。

41 依据当时法国驻华领事北古写给当时法国外交部长基佐的信件，最早因此禁令被从中国内地驱逐的外国传教士名为卡拉叶尔（Carayor）国籍不详，中文档案中尚未发现有相关记载；其余四位为西班牙传教士纳巴罗、法国传教士古伯察、秦噶哔及牧若瑟。参见 Archives diplomatiques du Ministère des Affaires étrangères à Paris, Correspondance politque/Chine 25, tome 2, pp.105-107；中国第一历史档案馆、福建师范大学历史系：《清末教案》，第一册，北京：中华书局，1996，第 16-42 页。

42 A. M. E., vol.556, M. Renou aux directeurs des M.E.P., Hong-Kong, le 29 août 1849, p.60.

所言："罗勒拿不完全赞成四川主教（马伯乐）的观点；如同所有想实现一个目标的人一样，他（指罗勒拿——译者）更高兴看到成功，却小视了障碍；他并不认为"传教士到达拉萨"以及"归化西藏"是完全不可能的。"[43]罗勒拿甚至做了最坏的打算，他认为，即使他被清廷逮捕，1844 年签订的中法《黄埔条约》以及道光帝依议耆英"容教"之奏请也将充当他同教徒们的"护身符"。[44]劳内认为，"罗勒拿渴望了解他即将前往传播福音、甚至献身的西藏，因此，他只能是非常局限地去理解马伯乐主教的谆谆告诫。"[45]正是在这样的心态驱使之下，罗勒拿即将开始西藏传教会的首次进藏活动。

第二节　西藏传教会首次进藏活动始末

罗勒拿，作为巴黎外方西藏传教会首位开展进藏活动的传教士，于 1847 年 8 月从四川崇庆州（Tsong-kin-tcheou，今四川崇州）出发进藏，至次年 3 月行至察木多（Tchamouto，今西藏昌都）被清朝官兵查捕，其后被驱逐遣送至驻广州法国公使陆英手中。罗勒拿此次进藏活动是巴黎外方西藏传教会藏区开教之发端，一定程度上增进了西方对藏区的认识和了解，为天主教会的后续进藏传教活动提供了借鉴。

一、罗勒拿进藏的时间及路线

关于由传教士罗勒拿实施的西藏传教会首次进藏活动的时间和路线，汉文资料存在很大的缺漏，前人的研究也涉及不多，而法文档案中的记载则很好地呈现出了这一问题的答案。罗勒拿在 1848 年 12 月 28 日写给巴黎外方传教会长上们的一封信中，明确给出了该次进藏活动的具体时间和详细路线图。

罗勒拿是从四川崇庆州启程准备前往西藏的。关于其进藏启程的时间，罗勒拿在信中这样写道："去年，我于 8 月末踏上了去西藏的路。"[46]这与汉文史料记载罗勒拿进藏启程的时间为道光二十七年七月大致相同。[47]这里需要指出

43　A. Launay, *Histoire de la Mission du Thibet,* tome 1, Paris: les Indes savantes, 2001, p.77.

44　A. Launay, *Histoire de la Mission du Thibet,* tome 1, Paris: les Indes savantes, 2001, p.78.

45　A. Launay, *Histoire de la Mission du Thibet,* tome 1, Paris: les Indes savantes, 2001, p.78.

46　A. M. E., vol.556, M. Renou aux directeurs des M.E.P., Hong-Kong, le 28 décembre 1848, p.11.

47　中国第一历史档案馆、福建师范大学历史系：《驻藏大臣穆腾额奏为盘获法国传教士

的是，汉文史料是以中国农历计时，与罗勒拿信中采用的西元计时方式有所区别，两种时间前后通常大致会相差一个月左右。由此可推知，罗勒拿启程进藏的时间确是在 1847 年 8 月。

离开崇庆州之后，罗勒拿便踏上了前往其首站——打箭炉（Ta-tsien-lou，今四川康定）的行程。根据罗勒拿自己的说法，他"在 9 月初到达了打箭炉"，打箭炉地处"四川和西番的边界"，在当时"是四川与西藏贸易的总集散地"。[48]到达打箭炉的罗勒拿认为"要是能在这里安置几个基督教家庭，将成为西藏传教会非常重要的一个传教点"，[49]但是，罗勒拿到达炉城之后却并未在该地停留传教。他"在一个善良的本地人家里住了一个月"，之后便很快就离开了打箭炉。[50]

罗勒拿离开打箭炉时已经是 10 月。此后，他又继续向西前往理塘（Lythang）。从罗勒拿的信件记载来看，他从打箭炉出发，以步行的形式，花费了 8 天时间才到达理塘。[51]到达理塘之后，罗勒拿依然未做太多停留，而是紧接着"从那里又到了巴塘（Bathang）"。[52]根据清人黄沛翘《西藏图考》一书对打箭炉到理塘站程的记载，"自打箭炉至理塘八站，计程六百八十五里"，而"自理塘至巴塘六站，计程五百四十五里"。[53]考虑到打箭炉至巴塘艰险的交通状况，以及罗勒拿的行进方式和速度，他到达巴塘大致是在 1847 年 11 月。

抵达巴塘之后，直至次年 2 月初，罗勒拿才"在一位教徒仆人和三位当地人的陪同下离开"。[54]可见，罗勒拿在巴塘曾待了有约 3 个月的时间。即使在如此长的停留时间里，罗勒拿依然未开展任何传教活动，而是在积极努力地寻

查照成案解交研鞫揖》，载《清末教案》第一册，北京：中华书局，1996 年，第 39 页。

48 A. M. E., vol.556, M. Renou aux directeurs des M.E.P., Hong-Kong, le 28 décembre 1848, p.11.

49 A. M. E., vol.556, M. Renou aux directeurs des M.E.P., Hong-Kong, le 28 décembre 1848, p.11.

50 A. M. E., vol.556, M. Renou aux directeurs des M.E.P., Hong-Kong, le 28 décembre 1848, p.11.

51 A. M. E., vol.556, M. Renou aux directeurs des M.E.P., Hong-Kong, le 28 décembre 1848, p.11.

52 A. M. E., vol.556, M. Renou aux directeurs des M.E.P., Hong-Kong, le 28 décembre 1848, p.11.

53 〔清〕黄沛翘：《西藏图考》，卷二，清光绪丙戌秋刻本。

54 A. M. E., vol.556, M. Renou aux directeurs des M.E.P., Hong-Kong, le 28 décembre 1848, p.11.

求"与当地人建立联系"，直至"一个再合适不过的机会"出现。[55]

罗勒拿口中所说的这个"机会"，指的是一次有可能与拉萨"第一大臣"（le premier minister de Lassa——法文原文）的接触。据罗勒拿本人言称："那位曾经友好接待过古伯察与秦神父的拉萨第一大臣当时就待在距离巴塘三天路程的地方。巴塘两位相邻的喇嘛首领之间的冲突使他来到附近，我计划前去与他会晤。"[56]很显然，罗勒拿口中所言"拉萨第一大臣"指的就是所谓曾经"热情帮助"过遣使会进藏传教士秦噶哔和古伯察的西藏摄政[57]。罗勒拿在巴塘逗留之际，是否真有西藏摄政来到巴塘附近？这一传言是罗勒拿亲耳所闻还是他自己杜撰？真实情况不得而知。但是有一点可以肯定，罗勒拿此时将所谓的"曾经友好接待过"法国传教士们的西藏摄政搬出来，其寻求某种强有力支持的意图显露无遗。

此后，罗勒拿按照知情人的指点，前往追寻这位西藏高官。然而，他并未能在所谓知情人告知的"地点"遇见这位拉萨高官。因为"当地天花肆虐，他（指拉萨摄政——译者）……从来没有感染过此种疾病，出自于对此疾病的惧怕，他改变了路线"。[58]为了追寻这位"贵人"，罗勒拿继续潜行，计划"经过察木多"，在这位高官下一个必经之地，与其会面。[59]

当时的"察木多城在巴塘城西一千四百里"。[60]按照罗勒拿本人的说法，他于 1848 年 2 月初离开巴塘，历时近一个月时间，至 3 月 1 日到达察木多，计划从那里前往 Kiata 等待摄政的到来，"然后，再在他（指摄政——译者）的陪同下前往拉萨"。[61]而根据汉文史料的记载，罗勒拿到达察木多的时间是在道光二十八年正月二十九日即公历 1848 年 3 月 4 日，二者之间存在 3 天的误差。由于记忆不清或者语言不通等原因，这一时间误差也在合理范围之内。

55　A. M. E., vol.556, M. Renou aux directeurs des M.E.P., Hong-Kong, le 28 décembre 1848, p.11.

56　A. M. E., vol.556, M. Renou aux directeurs des M.E.P., Hong-Kong, le 28 décembre 1848, p.11.

57　这一时间担任摄政的是三世热振活佛阿旺益西·赤臣嘉措（Ngawang yeshe Ts Ultrim Gyaltsen）。

58　A. M. E., vol.556, M. Renou aux directeurs des M.E.P., Hong-Kong, le 28 décembre 1848, p.11.

59　A. M. E., vol.556, M. Renou aux directeurs des M.E.P., Hong-Kong, le 28 décembre 1848, p.11.

60　〔清〕黄沛翘：《西藏图考》，卷五，清光绪丙戌秋刻本。

61　M. Renou aux directeurs des M.E.P., tchamouto, le 12 avril 1848. In A. LAUNAY, *Histoire de la mission du Thibet,* tome 1, Paris: Les Indes Savantes, 2001, p.80.

二、曲折且艰难的进藏历程

从上文看，罗勒拿似乎很顺利地从打箭炉一路西进奔突至西藏重镇察木多，其实不然，罗勒拿的进藏历程充满了曲折和艰难。

（一）伪装成商人进藏

在四川崇庆州出发之际，罗勒拿对外所显示的身份并不是一位欧洲传教士，而是一位前往西藏经商的商人。劳内先生的《西藏传教史》一书中记述："在接到马伯乐主教于 8 月给他（指罗勒拿——译者）的最后指示后不久，他便上路了，穿着和举止俨然一位汉商，带着准备好的一些用来出售或者交换的小物件。"[62]对于罗勒拿特意化装成商人进藏，劳内先生认为是受当时清廷禁教政策的影响所致，他指出："因为（中国）福音传播的自由尚未被宣布，化装对于所有在中国的传教士们都是必须的"[63]不仅如此，"那里（指西藏——译者）的监管更加严厉，需要持有中国政府签发的护照"。[64]首先，商人的身份在当时的藏区可以很好地掩护个人的活动而不易引人生疑，因为"商人可以随处走动，人们在所有的路上都可以遇见他；他对于任何人都不会显得神秘，因为他的目的就是挣钱，这在任何人看来都是正常的"。[65]相反，"一位游学者，或者一位传播宗教真理的使徒，是人们很快怀疑的陌生人，因为他们的目的同这些民众（指藏民——译者）完全相悖，（因为）他们的文明及观念与我们（欧洲人）不同。"[66]其次，商人随身携带的货物可以帮助传教士安全地换取其所需生活用品："货币，现今（劳内著书的时间约为 19 世纪末、二十世纪初——译者）尚相对较少在西藏流通，在当时（罗勒拿首次进藏是在 19 世纪中叶——译者）则流通更少，如果传教士用银钱而不是用实物去支付他日常所需用品的话，就会立即引起注意并激起（周围人的怀疑和）贪婪之心，这将使他冒极大的风险！"。[67]劳内先生认为，罗勒拿采用"商人的装扮和举止真可谓是明智之举，是基于对汉藏（地区）的了解而受到的启发。"[68]

---

62 A. Launay, *Histoire de la mission du Thibet,* tome 1, Paris: Les Indes Savantes, 2001, p.78.
63 A. Launay, *Histoire de la mission du Thibet,* tome 1, Paris: Les Indes Savantes, 2001, p.78.
64 A. Launay, *Histoire de la mission du Thibet,* tome 1, Paris: Les Indes Savantes, 2001, p.78.
65 A. Launay, *Histoire de la mission du Thibet,* tome 1, Paris: Les Indes Savantes, 2001, p.78.
66 A. Launay, *Histoire de la mission du Thibet,* tome 1, Paris: Les Indes Savantes, 2001, p.78.
67 A. Launay, *Histoire de la mission du Thibet,* tome 1, Paris: Les Indes Savantes, 2001, p.79.
68 A. Launay, *Histoire de la mission du Thibet,* tome 1, Paris: Les Indes Savantes, 2001, p.78.

劳内的解读与当时中国汉藏两地存在的客观现实基本吻合。在当时的中国内地，天主教的确尚未获得传播自由。按照 1844 年中法两国签订的《黄埔条约》第二十三款之规定，当时外国人包括传教士都只能在中国开放通商五口岸自由往来，其余地区禁止进入。[69]为此，道光二十六年十月十六日（1846 年 12 月 4 日），军机处著两广总督耆英谕知外国人："惟各国夷人不准潜赴内地传教，载在条约，限制甚严，……以后惟当谕知各该夷人，除五口地方准其建堂礼拜外，断不准擅至各省，任意遨游，务令各该夷目自行约束，恪遵成约，以息事端，而免籍口。"[70]1847 年 11 月，法国修士铎德魏在江苏海门被清朝官兵逮捕，据此，道光二十七年十月十五日（1847 年 11 月 22 日），清廷再次劝谕法国传教士不要越界五口前往内地传教："咈夷传习天主教，向只准其在五口通商地方建堂礼拜，不准擅入内地传教。今江苏海门川沙等厅均非五口通商之地，该夷铎魏德等越界传教，系与条约不符……著耆英向该夷查询，妥为劝谕，务令恪遵条约，严行查察禁止，毋任越界传教，致违成约，是为至要。"[71]因此，即使在清朝禁教政策于道光二十四年起开始松动后，对于在中国的法国传教士，但凡要游历于通商五口之外，仍需要乔装打扮以掩人耳目，一经发现则难逃清廷的查捕和驱逐。[72]在此背景下，为了向进藏沿途汉官掩饰自己欧洲传教士的身份，罗勒拿使用了同当时所有进入中国内地之欧洲传教士所使用的别无二致的手段，精心伪装成商人进藏，其中心机可谓良苦。以上可见，罗勒拿充分考虑并做足准备以在进藏沿途隐匿自己欧洲传教修士的身份，绝非之前他和马伯乐辩论时所呈现的那样，丝毫不考虑自己的人身安全，只考虑

69　王铁崖：《中外旧约章汇编》第一册，北京：三联书店，1957 年，第 62 页。

70　中国第一历史档案馆、福建师范大学历史系：《著两广总督耆英等谕知外人除五口地方外不得擅至各省并传教事上谕》，载《清末教案》第一册，北京：中华书局，1996 年，第 33 页。

71　中国第一历史档案馆、福建师范大学历史系：《著两广总督耆英向法国传教士劝谕毋任越界至内地传教事上谕》，载《清末教案》第一册，北京：中华书局，1996 年，第 33-35 页。

72　当时照此条约规定在五口之外的中国领土上被捕和遣返的传教士不在少数，其中包括：1846 年 3 月在西藏被捕和遣返的遣使会会士古伯察和秦噶哗；1846 年 7 月在湖北被捕和遣返的西班牙传教士陆怀仁；1846 年 11 月在直隶被捕和遣返的法国传教士牧若瑟；1847 年 11 月法国修士铎德魏在江苏海门被捕；1847 年 12 月意大利传教士李若瑟在湖北被捕；1848 年 4 月意大利传教士多肋在湖北被捕；1848 年罗勒拿在西藏昌都被捕；等等。参见中国第一历史档案馆、福建师范大学历史系：《清末教案》，第一册，北京：中华书局，1996 年，第 16-42 页。

语言、交通和教务负担之类的问题。

（二）躲避汉官

进藏沿途，罗勒拿并非主动离开打箭炉一路西行前往察木多。1847 年 9 月初到达打箭炉之际，罗勒拿很想在这里安置几个基督教家庭，并将这里打造成为西藏传教会的第一个传教堂口[73]，这也是罗勒拿进藏之前就早已做好的打算。1847 年巴黎外方西藏传教会首次进藏活动开启之际，四川主教马伯乐曾写信给罗勒拿，建议他前往龙安（Long-gan，今四川平武）开展对藏民的传教活动。[74]罗勒拿以龙安的"交通不便、语言不是藏区通行的藏语以及教务负担太重"不利于藏民归化为由，否定了马伯乐的建议，认为打箭炉在以上三个方面存在有利于开展传教活动的诸多优势条件，坚持要将打箭炉作为西藏传教会的第一个传教点。[75]但是到达打箭炉后，罗勒拿却丝毫不敢逗留于此开展传教活动，而是很快就离开了打箭炉，罗勒拿在写给长上们的信中这样陈述其中原因："大量汉官的存在及基督教家庭的完全缺失不允许我在此停留太长时间。"[76]

被迫离开打箭炉后，罗勒拿行至川西的理塘、巴塘，他在这两个地方也未敢多做停留，因为"像打箭炉一样，这两个地方的政府是混合的，由汉官和土官共同执掌。由于汉官的存在，在那里传教是危险的。"[77]罗勒拿在信中特别指出，自己进藏沿途的身份"不是作为传教者，而是作为要在当地立足的商人。"[78]因此，罗勒拿一直在努力寻找机会避开汉官："我需要寻找一个能使我避开来自中国官府威胁的地方。"[79]正是这一原因使罗勒拿迫切想与当地人建立联系，与此同时获知上文述及的那位拉萨"大臣"来到巴塘附近的消息。罗勒拿计划前去与这位"曾经友好接待过"法国传教士秦噶哔和古伯察的拉萨大

73 A. M. E., vol.556, M. Renou aux directeurs des M.E.P., Hong-Kong, le 28 décembre 1848, p.11.

74 A. M. E., vol.556A, Mgr.Pérocheau à Renou, le 4 juin1847, p.17.

75 A. M. E., vol.556, M. Renou aux directeurs des M.E.P., Hong-Kong, le 29 août 1849, Citant sa lettre à Mgr. Pérocheau, p.53.

76 A. M. E., vol.556, M. Renou aux directeurs des M.E.P., Hong-Kong, le 28 décembre 1848, p.11.

77 A. M. E., vol.556, M. Renou aux directeurs des M.E.P., Hong-Kong, le 28 décembre 1848, p.11.

78 A. M. E., vol.556, M. Renou aux directeurs des M.E.P., Hong-Kong, le 28 décembre 1848, p.11.

79 A. M. E., vol.556, M. Renou aux directeurs des M.E.P., Hong-Kong, le 28 décembre 1848, p.11.

臣会晤，以"向他请求一块能避开汉官威胁的地方以安身。"[80]

综上所述，迫使罗勒拿在进藏沿途陷入窘迫境遇的正是进藏沿途驻守的汉官。罗勒拿在进藏之前就已经将自己伪装成商人，目的在于向进藏沿途驻守汉官掩盖其欧洲传教士的真实身份。但是，让罗勒拿始料未及的是，即使进藏前精心准备，进藏沿途仍然危机四伏，汉官的存在迫使罗勒拿弃打箭炉一路向西到达察木多，其境遇可谓艰难与危险并存。

三、察木多被捕与遣返

迫于沿途被汉官查获的威胁，罗勒拿于 1848 年 3 月 1 日潜至察木多，打算从那里继续前行以追寻那位曾经帮助过秦噶哔、古伯察的西藏摄政，以期这位拉萨要员能帮助他避开汉官的查捕，协助他前往拉萨。不料，罗勒拿在到达察木多后旋即被驻地清廷官兵逮捕。

（一）被捕的过程

在 1848 年 12 月 28 日写自香港的信中，罗勒拿对他在察木多身份暴露的过程做了如下记述："中国政府在那里有一个兵站，我必须要到那里检查我的护照。在那位汉官[81]让我到他的衙门里去的时候，一切似乎都还很顺利，（但是到了衙门之后）他直奔主题，这让我措手不及，不得不承认自己是一位欧洲人。"[82]关于自己在察木多被捕的经历，罗勒拿还在他写给巴黎长上们的另一封信当中予以呈现。这封信由罗勒拿于 1848 年 4 月 12 日写自察木多，也就是在罗勒拿被正式逮捕之后不久。4 月 12 日的信中，罗勒拿这样描述他被中国官府识破身份时的情景："到达察木多的当天，我们前去汉官处接受护照检查。在就我们的目的地进行讯问后，他的手下恭恭敬敬地打发我们离开了，我们也以为会像在之前的驿站一样得以脱身。但是，上帝却做了另样安排……"[83]

---

80 A. M. E., vol.556, M. Renou aux directeurs des M.E.P., Hong-Kong, le 28 décembre 1848, p.11.

81 该汉官为时任察木多粮务钱涛。参见中国第一历史档案馆、福建师范大学历史系：《驻藏大臣穆腾额奏为盘获法国传教士查照成案解交研鞫擢》，载《清末教案》第一册，北京：中华书局，1996 年，第 39 页。

82 A. M. E., vol.556, M. Renou aux directeurs des M.E.P., Hong-Kong, le 28 décembre 1848, p.12.

83 M. Renou aux directeurs des M.E.P., tchamouto, le 12 avril 1848. In A. Launay, *Histoire de la mission du Thibet,* tome 1, Paris: Les Indes Savantes, 2001, p.81.

（二）罗勒拿的反应

1848 年 12 月 28 日的信当中，罗勒拿这样讲述他对自己被捕的反应："……似乎他是提前得到了通知，我不知道怎么（暴露了自己），因为这一事件对于我来说还是一个谜团。就这样，我以为会有一个成功结果的所有计划全部被打乱了。"[84]而写自被捕后不久的那封 4 月 12 日的信则对罗勒拿被捕时的反应记述如下：

> 那位汉官生性缜密，而且，我认为他之前得到了曾经认出我是欧洲人的那些人当中的一位军长的通知，以返还我们的护照为由，他让我们于 3 月 5 日前往他的衙门。他坐在大堂之上，身着官服，一脸中国式的傲慢。我未行跪拜之礼，只稍稍致意，他便开始询问一些之前就已经委托他手下问过（我们）的问题，诸如我们此行的目的及我来自何方；最终，他问了那么多，（我）再没有办法通过撒谎来脱身，我只好直接对他说我是法国人，我的贸易旨在出售无金钱交易的天主之义。鉴于此供认，他想做出可怕的样子以威胁我。我的声调比他还大，向他宣称时代自道光二十四年起就发生了变化，我向他讲述中国和法国之间签署的新的合约。这个人才缓和下来……[85]

1848 年 12 月 28 日信中，罗勒拿被中国官府识破身份时的情景陈述十分简短，4 月 12 日的信则更为细致地呈现了罗勒拿与清廷汉官在对峙过程中的攻防转换：面对汉官的"傲慢询问"，罗勒拿从最初的"不甘示弱"很快败下阵来，不得不承认了自己法国传教士的身份；面对汉官在长期禁教背景下形成的对外国传教士惯性的"呵斥"，罗勒拿却表现出了强硬的一面，拿 1844 年拉鄂尼同中国签订的《黄埔条约》及道光帝对天主教传教士的怀柔政策做挡箭牌，一次对抗汉官，迫使后者不得不将态度缓和下来。

此外，据罗勒拿在信中讲述，虽然他的欧洲人身份暴露了，但是他并没有马上失去自由："然而，那位汉官不敢（擅自）做出决定。经过长时间的讨论后，商定由他向他的上级——驻拉萨的朝廷钦差请命。期间，我一直待在客栈，我可以自由地出入，可以在周围四处走动，没有任何人对我加以看

---

84 A. M. E., vol.556, M. Renou aux directeurs des M.E.P., Hong-Kong, le 28 décembre 1848, p.12.

85 M. Renou aux directeurs des M.E.P., tchamouto, le 12 avril 1848. In A. LAUNAY, *Histoire de la mission du Thibet,* tome 1, Paris: Les Indes Savantes, 2001, p.81.

管。"[86]依据罗勒拿以上记述，当时清廷汉官对待他的态度趋向缓和，也未将他作为罪犯立刻囚禁起来，由此可见，当时清廷官员对待欧洲传教士已经开始持一种较为"柔和"的态度，这同第一次鸦片战争后清政府"禁教"政策的松动紧密关联。罗勒拿口中所言"道光二十四年起就发生了变化"，清廷"禁教"政策正是在这一年发生的松动变化。罗勒拿信中所记述的他与察木多汉官之间对峙的场景，形象地呈现了"禁教"政策松动背景下，中国官府与因擅闯内地而被捕的欧洲传教士之间的对抗与妥协：擅闯内地的欧洲传教士因越界通商五口、违反《黄埔条约》之约定而被中国官府捉拿，又因道光皇帝对欧洲传教士推行怀柔政策，中国官府再不能像之前"禁教"时期那样把欧洲传教士完全当成犯人对待。

（三）清廷处理此事件的方式及态度

在查获伪装成商人进藏的罗勒拿之后，察木多官府虽然"怀柔"对待罗勒拿，并未将其囚禁，但是，这丝毫未影响中国官府对这位"违约"进入中国内地之欧洲传教士进行查办的决心。首先，察木多官府就查获罗勒拿一事上报驻藏大臣穆腾额；然后，穆腾额又将此事奏报朝廷，建议将罗勒拿"就近解川"研鞫办理。[87]约40天后，也就是在1848年的4月份，清朝驻藏大臣穆腾额的回复从拉萨到达察木多："我是在3月初的几天里被捕的。上级汉官的答复到来时，40天过去了。回复大致是这样的内容：两年前，两位法国人也是这样被认出的，（他们）被带到了成都，从那里再到广州，因此，（他们）必须按照同样的程序，将我遣返至四川总督那里。"[88]罗勒拿信中所提及的两位法国人就是上文提到的法国遣使会传教士秦噶哔与古伯察，清政府曾于1846年将他们在西藏拉萨逮捕并驱逐出境，参照之前对这两位遣使会传教士的处置方式，清政府打算将罗勒拿先行押解至四川受审。罗勒拿在1848年12月28日写给巴黎总部的信中沮丧地说道："我必须重返四川，看到自己从一个一切似乎都准备好要接受福音的地区被驱赶出来，我内心充满了忧伤。"[89]罗勒拿面对进

86　A. M. E., vol.556, M. Renou aux directeurs des M.E.P., Hong-Kong, le 28 décembre 1848, p.12.

87　中国第一历史档案馆、福建师范大学历史系：《驻藏大臣穆腾额奏为盘获法国传教士查照成案解交研鞫摺》，载《清末教案》第一册，北京：中华书局，1996年，第39页。

88　中国第一历史档案馆、福建师范大学历史系：《四川总督琦善奏报讯办入藏法国传教士罗启祯情形片》载《清末教案》第一册，北京：中华书局，1996年，第41页。

89　A. M. E., vol.556, M. Renou aux directeurs des M.E.P., Hong-Kong, le 28 décembre 1848, p.12.

藏活动失败的极度沮丧却恰恰能够折射出清政府驱逐罗勒拿的坚决立场。罗勒拿于道光二十八年五月二十七日（法文记载公历时间为 1848 年 6 月末——笔者注）被解送至四川总督琦善手中。在对罗勒拿进行审讯之后，川督琦善奏请朝廷建议对罗勒拿做如下处置："查照二十六年大学士任内解粤成式，委员解交陕西，由陕西接解湖北，转解粤东，听该省督臣抚臣核办……。"[90]这一建议奏请朝廷后获得批准。1848 年 7 月 12 日，罗勒拿离开四川首府成都被解往广州。

第三节　罗勒拿被驱逐引起的外交交涉

在察木多逮捕罗勒拿之后，驻藏大臣穆腾额奏请朝廷并获准将其解交川督琦善审理。罗勒拿被解到四川之际，琦善请求按照 1846 年对法国遣使会传教士古伯察、秦噶哔的处置方式，将罗勒拿经由陕西、湖北等地解往广州，亦获朝廷允准。罗勒拿被解送至广州后，两广总督徐广缙根据中法《黄埔条约》第二十三款之约定，照会当时法国驻华公使陆英（Forth-Rouen）[91]前来领取罗勒拿。法国在华外交势力获知罗勒拿在西藏被捕并遭驱逐消息的同时，以李博（Libois）神父[92]为代表的巴黎外方传教会在华传教势力也获知了这一消息，他们很快对此作出反应，企图通过否认西藏地方与清朝中央的政治隶属关系质疑清廷在察木多逮捕罗勒拿的合法性，进而迫使清廷护送罗勒拿重返西藏。

一、李博神父对罗勒拿被捕事件的反应与干预

1848 年 7 月 12 日，罗勒拿离开成都被解往广州。罗勒拿尚未到达广州，他被捕的消息便已经传至法国驻华公使陆英和巴黎外方传教会驻香港账房（又称"当家处"——笔者注）当家神父李博耳中。陆英就此写信向李博求证，

90 中国第一历史档案馆、福建师范大学历史系：《四川总督琦善奏报讯办入藏法国传教士罗启祯情形片》载《清末教案》第一册，北京：中华书局，1996 年，第 41 页。

91 陆英是法国驻华全权公使，于 1847 年莅任，同其秘书兼翻译度仙顿（Duchesne）驻广州。参见 A. Launay, *Histoire de la mission du Thibet*, tome 1, Paris: Les Indes Savantes, 2001, p.88.

92 李博，巴黎外方传教会驻香港账房当家神父，法国奥涅省尚波瓦（Chambois d'Orne）人，1842 年任巴黎外方传教会驻澳门账房当家神父（又称司库）一职。为摆脱受制于葡萄牙保教权的困境，外方传教会巴黎总部指示李博于 1847 年将巴黎外方传教会账房由澳门迁至香港。参见 Notice bibliographique de Libois, Archives des missionnaires des M.E.P., N.430.

李博则在回信中基本上确定了这一消息的真实性。李博在信中说道："尊敬的先生，我收到您于周三写给我的信，的确有一位我们的传教士——罗勒拿于3月4日在西藏被捕。"[93]

李博的消息来源于四川主教马伯乐。马主教曾写信给李博，称其"得到一份察木多汉官写给四川总督琦善信件的抄件，罗勒拿就是在那里被捕的。"[94]为了表明此消息的可靠性，李博还进一步对抄件的真实性进行了佐证。他说："（虽然）我不能亲自断定汉文抄件的真伪，但是我知道在四川和云南，人们丝毫不怀疑它的真实性……因为这些文件（的购买）价格非常昂贵，很可能因此受到非常仔细地验证。此外，我知道四川有富裕的汉官基督徒，他们同衙门里的人关系相当密切……"。[95]根据李博的这种说法，极有可能是四川官府当中一些富有的基督徒汉官花费"大价钱"买通了衙门内部人员，从而获得了察木多汉官写给琦善密报的抄件，罗勒拿在察木多被捕的消息因此被泄露给了巴黎外方四川传教会主教马伯乐。这一消息如此迅速且详实地从四川主教那里传至香港当家神父李博处，法国外交官一得到相关消息也立即写信给李博神父以询问该消息的真伪，可见这位李神父在当时巴黎外方传教会在华宗教纠纷处理事务中的重要性。

欧洲天主教修会驻海外账房当家神父在天主教海外传教事务中属于权重人物，不仅掌管欧洲各修会海外传教人力及物力资源的分配，承担修会欧洲总部与其海外传教团体之间的上传下达任务，还是各修会海外传教团体同本国外交势力之间联络的纽带。1846 年遣使会传教士秦噶哗与古伯察从西藏被驱逐出境，将这一事件向当时的法国驻华领事北古报告的正是该修会驻澳门账房当家神父龚博尔（Combelles），也是龚博尔就该事件的处置过程和最终结果写信向遣使会巴黎总部进行了汇报。[96]巴黎外方传教会驻香港当家神父李博一直同当时的法国驻华外交势力保持着良好的关系，曾以其"机智"及"谨慎和经验"受到法国全权公使拉萼尼的高度赏识和肯定。[97]

93　A.D.N.（Archives diplomatiques de France à Nante），Pékin 37, Lettre de Libois à Forth-Rouen, le 22 septembre 1848, Hongkong.

94　A.D.N., Pékin37, Lettre de Libois à Forth-Rouen, le 22 septembre 1848, Hongkong.

95　A.D.N., Pékin37, Lettre de Libois à Forth-Rouen, le 22 septembre 1848, Hongkong.

96　A. L.P.（les Archives des Lazaristes de Paris），Chine 176, Lettre de M. Combelles au Supérieur Général M. Etienne, le 26 septembre 1846, ib, p.4.

97　A. Launay, *Histoire des Missions de Chine*: *Missions du Kouy-Tcheou,* tome 1, Paris: Les Indes Savantes, 1907, pp.150-170.

不过，李博表示他"尚不知道琦善将如何处置罗勒拿，因此，还不能确定罗勒拿是否会被遣返广州。"[98]在此情况之下，李博强烈要求陆英一定要对"罗勒拿在察木多被捕"的消息保持沉默，同时请求陆英转告那位向他透露此消息的人也一定要保持沉默。对此，李博解释说："由于此种不确定性（即罗勒拿是否会被遣返的不确定性——译者），我认为，谨慎起见，有必要对此次逮捕保持沉默，您要是能保持沉默并要求告知您这一消息的人保持沉默，我将对此不胜感激，告诉他我希望这样做的理由：罗勒拿的确不太可能不被遣返，但也不是没有一点可能性。"[99]可见，李博至此还在幻想罗勒拿不被遣返广州，因为据他所知，当时一位在满洲（Mantchourie）被逮捕的名为麦斯特（Maistre）的传教士最终并未被遣返广州。[100]

李博之所以让陆英等人保持沉默，主要是担心罗勒拿在察木多被捕的消息传至广州官府耳中。他认为，在当时的情况下，"罗勒拿被捕这一消息要是传到广州官府的耳朵里，（这）将非常棘手。"[101]第一、第二次鸦片战争之间，西方诸国在华外交势力均盘踞在我国东南沿海的香港、澳门及广州等地。当时的两广总督同时兼任中外通商大臣，清政府的外交事务亦主要由两广总督督办。当时，因越界五口、远入中国内地而被清政府逮捕的外国传教士不在少数，以该类处置成案为例，有道光二十六年二月（1846 年 3 月）在西藏拉萨被捕的古伯察和秦噶哔、道光二十六年六月（1846 年 7 月）在湖北被捕的西班牙传教士纳巴罗以及道光二十六年七月（1846 年 9 月）在直隶被捕的法国传教士牧若瑟等，对这些被捕的欧洲传教士的最终处置方式，都是将他们从内地解往广州并由广州官府交付近口各国领事。[102]李博如此害怕广州官府知道罗勒拿被捕的消息，无非是担心广州官府获知此消息后会提前介入该事务的处置，这样的话罗勒拿被遣返广州事宜将无任何逆转的可能，巴黎外方传教会和法国在华外交势力将会因此陷入十分被动的境地。李博在信中透露罗勒拿不被遣返的可能性极小，以及他所表现出的对广东官府得知此消息的担忧，这些均可以从侧面反映出，清政府对当时违背《黄埔条约》约定潜入中国内地的外国

---

98 A.D.N., Pékin37, Lettre de Libois à Forth-Rouen, le 22 septembre 1848, Hongkong.

99 A.D.N., Pékin37, Lettre de Libois à Forth-Rouen, le 22 septembre 1848, Hongkong.

100 A.D.N., Pékin37, Lettre de Libois à Forth-Rouen, le 22 septembre 1848, Hongkong.

101 A.D.N., Pékin37, Lettre de Libois à Forth-Rouen, le 22 septembre 1848, Hongkong.

102 中国第一历史档案馆、福建师范大学历史系：《清末教案》第一册，北京：中华书，1996 年版，第 16-32 页。

传教士持坚决惩处的态度，一经被捕，这些欧洲传教士被驱逐出境就几成定局，而这一结果正是西方在华宗教及外交势力所不愿意看到的。因此，对于罗勒拿被捕事件，李博认为："目前，除了等待，别无可为。"[103]

　　然而，罗勒拿最终还是难逃被遣返的处置，于 1848 年 11 月末被解送至广州。陆英很快写信将此消息告知李博。1848 年 11 月 30 日，李博写给陆英的回信中说："今天上午我收到了您给我的来信，说罗勒拿已经到达广州，并且他决意留在监狱直到（清朝官府）批准他返回西藏。"[104]由此可见，虽然已经被遣送至广州，罗勒拿却并不接受自己接下来将被交付给法国公使，而是以"拒绝出狱"威胁广州官府准许他重返西藏。李博信件的后续内容透露出罗勒拿这样做的真实原因："但是，（罗勒拿的）这一目的可以达到吗？（尽管）大家一致认为西藏不属于中国。（可是）她（指中国——译者）的确在那里（指西藏——译者）驻有部队和一个由她付俸的总督或者说是特使（指驻藏大臣——译者），……但是这样她就可以在这个地区（指西藏——译者）逮捕一个外国人并用武力将之驱逐吗？"[105]引文中的"大家"显然包括罗勒拿、陆英和李博在内，可见在主观上，他们一致认为西藏"不属于"中国，清政府无权根据"外国人不得越界五口、潜入内地"的禁令将罗勒拿从西藏驱逐出去；但是，在客观上他们不得不正视的是，中国在西藏驻有军队并派驻大臣，这足以说明中国对西藏领土享有主权。李博此番言语间透露出他极其矛盾的心理，不想承认西藏属于中国，又不能无视代表中国对西藏行使主权的关键因素，即中国政府驻军西藏。显而易见的是，罗勒拿想以西藏"不属于"中国为由，向清政府提出重新返回西藏传教的无理要求。因此，在抵达广州后，罗勒拿对自己违背中法《黄埔条约》约定潜入中国内地之西藏活动的违法行为并不准备认账，而是要在西藏地方与清朝中央的政治隶属关系上做文章，以负隅顽抗到最后。

　　上述引文中，李博提出了两个问题。第一个问题反问罗勒拿是否能得以重返西藏，这表明他对罗勒拿要求重返西藏这一目的能否最终达成心存忧虑。作为一个外国在华传教修会的账房当家神父，李博有权限处置此类外交事件，他只有借力于法国公使陆英以实现其宗教团体的利益。因此，在后一个问题里，

---

103 A.D.N., Pékin37, Lettre de Libois à Forth-Rouen, le 22 septembre 1848, Hongkong.
104 A.D.N., Pékin37, Lettre de Libois à Forth-Rouen, le 30 novembre 1848, Hongkong.
105 A.D.N., Pékin37, Lettre de Libois à Forth-Rouen, le 30 novembre 1848, Hongkong.

对罗勒拿与陆英等对中国西藏地方与清朝中央政治隶属关系的否定，李博随声附和，质疑清政府在西藏逮捕罗勒拿合法性，借此鼓动法使陆英就罗勒拿被捕之事件向清政府提出外交交涉，以期达到迫使清政府同意罗勒拿返回西藏传教的企图。

为达目的，李博对陆英不惜奉承之词，称"您比我更知道如何解决这一问题。"[106]同时鼓动陆英借此机会迫使清政府在其与西藏的关系上作出有利于西方国家的解释，他说："另外，这一事件也给您提供了一个请对方（指清政府——译者）解释清楚的机会，这些澄清将不无意义。"[107]此时，李博尚不清楚陆英对罗勒拿到达广州后的表现持何种态度，他在写给陆英的信中说："罗勒拿，由于他的传教热忱，可能因为他遇到的困难及其遭遇，他的要求在您看来可能有一点夸张，但是，请您别忘记，传教士并不是外交家，他可能不知道自己政治权利的边界，您却对此（种边界知道得）很清楚。还得是您，亲爱的先生，以您的智慧，清楚的认识到您能够谨慎地做些什么，（我）无需就此对您提出什么建议。我会建议罗勒拿向您汇报并听从您的建议。"[108]很显然，李博担心罗勒拿太过轻狂的举止会招致陆英的反感，便一面佯装批评罗勒拿，一面继续奉承陆英，以求在最大程度上打动法国公使，期望接下来陆英能够尽最大努力维护巴黎外方传教会的利益。

二、法国外交势力同两广总督徐广缙的外交交涉

（一）陆英的诡辩

李博对陆英的奉承和鼓动果然奏效，等不及从两广总督徐广缙处获得关于罗勒拿被捕的官方消息，1848 年 12 月 1 日，法国驻华全权公使陆英便写信给徐广缙，试图先发制人，以"西藏不属于中国"为由对清政府在西藏逮捕罗勒拿提出了正式抗议。陆英在信中首先重申了中法《黄埔条约》第二十三款的内容，同时强调此项条约约定只适用于中国，他说："我听说一位叫罗勒拿的法国人在西藏被驻地中国官员逮捕并被带到广东以交付给我。的确，（中国）同法国之间所签署条约（即《黄埔条约》-译者）第 23 款授权中国政府可以逮捕任何在'外国人可以在中国活动的（五口）范围'之外活动

---

106 A.D.N., Pékin37, Lettre de Libois à Forth-Rouen, le 30 novembre 1848, Hongkong.
107 A.D.N., Pékin37, Lettre de Libois à Forth-Rouen, le 30 novembre 1848, Hongkong.
108 A.D.N., Pékin37, Lettre de Libois à Forth-Rouen, le 30 novembre 1848, Hongkong.

的（外国）人，但是，阁下应该已经注意到了，这一条款中说的是在中国，而不是在任何一个其他国家。"[109]紧接着，陆英以此藉口中国无权在西藏逮捕一位法国人："那么，驻西藏的中国官员以何种权力允许自己在中国之外的一片领土上逮捕一位法国公民？我百思不得其解。"[110]陆英甚至公然宣称"西藏是一个独立的国家"。[111]他的理由是："（西藏）由一个独立的王（prince）统治，有不用经过中国便可以跨越的边界。外国人在他的领土上可以随意行走并受到很好地接待，他们在那里安全地生活并从事一年比一年更大的贸易。阁下不是不知道，……这一贸易在不同的朝代被外国派到西藏的大使们（ambassades）加强，我不知道中华帝国（L'Empire de Chine）曾经对这些大使提出过任何抗议，然而，在所有外国强国看来，这就是对西藏独立的明确承认。"[112]在坚持"西藏独立于中国"这一前提下，陆英只承认西藏和中国之间的关系略有特殊，他说："我知道西藏和中国之间有一些特殊的联系。我知道（中国）皇帝在那里派驻有官员，（他们）在那里享有特权"。[113]但是，陆英认为清政府不能利用这一特权干涉外国人的进藏活动，同时威胁说，阻止外国人进藏会给中国惹祸上身，他说："如果违背人权，违背中国和法国之间的条约，（利用）这一特权（指在西藏的汉官所享有的特权——译者）横加干涉法国人在西藏居留，如果她（指这一特权——译者）将他们（从西藏）驱逐出来，如果她对他们封闭（西藏），那些滥用权力的人（指那些干涉法国人在西藏居留的清廷官员——译者）将会使中国政府承担一种责任。"[114]接下来，陆英话锋一转，谈起了朝鲜（la Corée）与中国的关系："我不说与中国有着非常紧密关系的交趾（Cochinchine），我只说朝鲜。尽管（朝鲜）以前是一个独立的王国，还享有某些特权，她没有被中国征服吗？

109 A.D.N., Pékin37, Lettre de Forth-Rouen au Commissaire Impérial SIU, le 1er décembre 1848，Macao.

110 A.D.N., Pékin37, Lettre de Forth-Rouen au Commissaire Impérial SIU, le 1er décembre 1848，Macao.

111 A.D.N., Pékin37, Lettre de Forth-Rouen au Commissaire Impérial SIU, le 1er décembre 1848，Macao.

112 A.D.N., Pékin37, Lettre de Forth-Rouen au Commissaire Impérial SIU, le 1er décembre 1848，Macao.

113 A.D.N., Pékin37, Lettre de Forth-Rouen au Commissaire Impérial SIU, le 1er décembre 1848，Macao.

114 A.D.N., Pékin37, Lettre de Forth-Rouen au Commissaire Impérial SIU, le 1er décembre 1848，Macao.

她难道不被看成（西藏却不能被说成是这样——原文）是天朝上国（Céleste-Empire）整体的一部分吗？和中国交往的同时，法国有权说她同时在和朝鲜交往，事关中国领土时，（中国）对她（指法国——译者）的义务同样存在于朝鲜。"[115]以上可见，陆英不但不承认中国西藏地方与清朝中央的政治隶属关系，还将朝鲜视作了中国领土的一部分。其实，陆英这样做真正的目的不在于要将朝鲜纳入中国的版图，而是为了在下文亮明他的一个观点：清政府要"强行"在"不属于中国"的西藏驱赶法国传教士，法国就会要求清政府为殉教于"属于中国"之朝鲜的法国传教士担责，他说：

> 中法条约（指《黄埔条约》-译者）第23条同样规定：禁止任何人以任何形式打击、伤害或者虐待（在中国）逮捕的法国人，以免伤害两国之间的友好关系。然而，阁下并非不知，在交趾，在朝鲜，一些法国人被无比野蛮地杀死。……法国从来没有想过让中国承担责任，为朝鲜发生在她（指法国——译者）的许多公民身上的暴行。如果，在西藏这样一个与中国的关系还没有朝鲜与之关系更为紧密的地方，驻那里的中国官员依据我们条约第23款之规定驱逐法国公民的话，她（指法国——译者）不应该考虑（让中国对在朝鲜被杀的法国人担责）吗？同样是第23条第二款确凿无疑地赋予了我们这样的权力。总而言之，我认为阁下将会，我确信，同意我的观点，要我们承认中国有权禁止法国人进入他们不用经过中国就可以进入的西藏，中国一方就应该完全承担朝鲜针对法国所犯下的罪行。她（指中国——译者）就应该为在朝鲜被杀的法国人做出正义的复仇，她（指中国——译者）就应该阻止将来再发生类似的罪恶，保证法国人和基督教在这个地区（指朝鲜——译者）享有同在中国一样的保障。……我认为阁下会认同我的此种看法，会同我一样真切希望现在中法两国之间如此之友好关系永存，阁下会急切地惩罚那些逮捕罗勒拿的中国官员并协助他返回西藏。"[116]

以上可见，为了达到迫使清政府协助法国传教士罗勒拿返回西藏的目的，陆英

---

115 A.D.N., Pékin37, Lettre de Forth-Rouen au Commissaire Impérial SIU, le 1er décembre 1848, Macao.

116 A.D.N., Pékin37, Lettre de Forth-Rouen au Commissaire Impérial SIU, le 1er décembre 1848, Macao.

不惜在中国西藏地方与清朝中央的政治关系以及中国与朝鲜的关系上做文章。首先，陆英否认西藏地方与清朝中央的政治隶属关系，其依据有三：1. 西藏由一位"独立的王"进行统治；2. 外国人不经过中国便可以到达西藏；3. 外国人在西藏进行贸易的历史悠久，中国政府从来未对此提出过抗议。其实，这三条依据不但经不起任何推敲，反而暴露了陆英对中国西藏地方同清朝中央之间隶属关系的无知。陆英说西藏由一位"独立的王"统治，如果陆英口中的这位王指的是达赖喇嘛，那么他显然不知道西藏还有另一位与达赖喇嘛政治宗教地位平等的活佛——班禅喇嘛，而且，无论是达赖喇嘛还是班禅喇嘛，他们均需经过清朝中央政府的正式册封，这一章程自清朝初年起遂成定制；如果陆英口中所说的"王"指的是掌管西藏世俗政务之官员，他显然不知道，乾隆帝于 1751 年就已经"酌定西藏善后章程十三条"，废除郡王专擅西藏政务之制度，规定由达赖喇嘛领导噶厦掌管西藏政务，分权于地位平等的一僧三俗共四位噶伦。[117]陆英以"外国人不经过中国便可以到达西藏"为由否认西藏属于中国，其实这从根本上就是一个伪命题，因为任何一个国家的边疆地区都有可能被他国之人从他国进入，按照陆英的上述逻辑，任何国家的边疆地区同本国中央政府之间的政治隶属关系都将岌岌可危。1793 年清政府颁布实施《钦定藏内善后章程二十九条》，从西藏的内政、外交、宗教、军事、司法及经济等方面明确了西藏地方对清朝中央的政治隶属关系。[118]因此，无论从哪一个方向上进入西藏都是进入了中国。至于陆英口中所说"清政府从未抗议过的那些外国派到西藏的大使"更是无稽之谈。西藏自元朝便被纳入中国中央王朝的版图之中，成为中国不可分割的一个行政区域，这就从根本上决定了不可能会有哪个国家向西藏派驻大使，而且，历史上也从未有过任何国家向西藏派驻过大使，这是不争的史实。其次，陆英认为朝鲜与中国的关系比"西藏同中国"的关系更为紧密，这种言论只能说是更进一步暴露出他对当时清王朝同周边其他亚洲国家之间关系的无知，当时的清王朝中国与朝鲜的关系才是真正意义上的宗主国与被保护国的关系。

　　陆英企图假借中国与朝鲜的关系质疑中国西藏地方同清朝中央的政治隶属关系，他的这一荒谬言论甚至遭到了自己人的反驳，此人正是鼓动陆英利用所谓"西藏问题"挑起外交及宗教纠纷的李博神父，李神父说："我完全理解

---

117 陈庆英：《西藏历史》，北京：五洲传播出版社，2001 年 6 月，第 68 页。
118 陈庆英：《西藏历史》，北京：五洲传播出版社，2001 年 6 月，第 73 页。

您力图将西藏与朝鲜进行类比的动机所在，不幸的是，徐（指徐广缙——译者）会非常清晰地将之区别开来。他不是不知道，中国在朝鲜没有一兵一卒，没有驻派官员，（中国）也没有权利向朝鲜派驻（兵和官员）；然而在西藏，中国有一支军队，一个总督及许多其他常驻官员，这（对中国对西藏的主权）非常有说服力。"[119]很显然，李博对中国西藏地方与清朝中央政府的政治隶属关系十分清楚，他认为陆英将朝鲜与中国的关系同西藏与中国的关系进行类比，这不仅从根本上行不通，甚至还会让中国在这方面的立场更加坚定。李博主张可以借罗勒拿在西藏被捕事件伺机挑起"西藏不属于中国"之外交争端，其主要目的在于借此赚取有利于法方的外交及宗教利益。李博作为一个教会内部的人员，按常理讲，他的政治和外交常识应该比不上一个外国驻华公使，他尚且清楚西藏与中国的实际政治隶属关系，那么，陆英对此应该更加清楚。这足以说明陆英宣称西藏不属于中国，依此为据公然质疑清政府在西藏逮捕罗勒拿的合法性，不过是虚张声势，试图借此维护法国传教修会的不法利益，并实现撕裂中国西藏地方与中央政府政治隶属关系的外交企图。

（二）两广总督徐广缙"移交罗勒拿"的首次照会

道光二十八年十一月初六（1848 年 12 月 1 日），就罗勒拿被遣送至广州一事，两广总督徐广缙首次照会法国驻华全权公使陆英："我刚刚收到广州总督一封急件，告诉我江西总督将一位名叫乐其昌（即罗勒拿——译者）的法国传教士遣送到了广州，他曾经在四川传教。这位官员还告诉我说……这位传教士被逮捕并（将）被遣送交给陆英……因此，核实我收到的急件之后，我应该将上述名为乐其昌的传教士移交给尊贵的特使，以便阁下收管，我希望阁下在这位传教士到达（法方）并被（法方）接受后照会我。"[120]两广总督并未在照会中透露罗勒拿具体被捕的地点是西藏察木多，而是用罗勒拿"曾经在四川传教"影射其被捕的原因是"越界五口到中国内地传教"。

徐广缙的照会同上文陆英的"抗议信"，两者的日期同为 1848 年 12 月 1日，由此可以推断，徐广缙向陆英发出照会之时，应该尚未接到陆英拿"西藏问题"说事儿的"抗议信"，或者即便是已经接到该信，徐广缙也选择了"充耳不闻"。徐广缙在照会当中刻意回避提及罗勒拿是在西藏察木多被捕的，之

119 A.D.N., Pékin37, Lettre de Libois à Forth-Rouen, le 8 décembre 1848, Hongkong.

120 A.D.N., Pékin 37, Lettre du Commissaire Impérial SIU à Forth-Rouen, le 1er décembre 1848, Canton.

所以这样做，应当是已经料到法方会在中国西藏地方与清朝中央的政治隶属
关系上做文章。此类事件的处置已有前车之鉴。1846 年初，大名鼎鼎的遣使
会传教士古伯察和秦噶哔到达拉萨，不久后便被当时的驻藏大臣琦善逮捕并
遣送回广州。同年 9 月 29 日，两广总督耆英照会时任法国领事北古，认为秦、
古二人越界五口远入中国内地之西藏活动违背了中法《黄埔条约》第二十三款
之约定，要求将二人移交给法国领事北古。未料北古在其与中方的外交交涉中
试图否认中国西藏地方与清朝中央政府的政治隶属关系，企图借此质疑清政
府在西藏逮捕法国传教士的合法性，北古在 1846 年 10 月 11 日给两广总督耆
英的照会中这样写道："法国国王陛下对所有关于中国及其基督教事务都非常
感兴趣，因此，我将阁下有幸写信告知我的事件（指古伯察秦噶哔被从西藏驱
逐事件——译者）告知他，陛下可能会感到某种惊讶，一段时间以来，一些传
教士，他的（法国）公民们，（在中国）被如此严酷地搜寻和追赶，尤其是陛
下考虑到这两位神父（指秦噶哔和古伯察——译者）被捕地点（指西藏——译
者）的特殊性，在中国驻扎官（Résident，指驻藏大臣——译者）的要求并强
烈坚持之下（他们被驱逐），尽管西藏政府行政官员的善意保护（他们二人还
是被逐出西藏）。"[121] "Résident" 一词在法语中的意思是"保护国在被保护国
的驻扎官"。北古用这一词汇来指称清廷驻藏大臣，显然错误地将西藏地方与
清朝中央政府的政治隶属关系表达成了被保护国与其宗主国之间的关系。北
古的这一外交举动与遣使会传教士们对他的鼓动有关。在从西藏被遣返广州
的途中，秦噶哔和古伯察就已经写信给北古以及遣使会驻澳门账房当家神父
龚博尔（Combelles），建议对方就他们在西藏被捕一事向中国政府提出抗议，
龚博尔鼓动北古说："秦噶哔和古伯察先生告诉我们，中国人侵犯了（他们的）
人权，在一个事实上向中国进贡却并未臣服于他的外国的领土上（即西藏——
译者）迫使他们（离开），因此（法国）有可能很容易依据条约（就此向中国
政府）提出抗议"[122]但是，法国外交及宗教势力的企图最终并未得逞，北古在
1846 年 11 月 24 日写给法国外长基佐（Guizot）的信中向他汇报："我有幸向
您转述朝廷钦差对我 10 月 11 日照会的回复。（照会回复中）他坚持禁止外国

---

121 A.M.A.E（les Archives du Minist è re des Affaires Etrangères）., C.P.（correspondance politique）Chine, tome 2, lettre de M. Bécourt au commissaire imp é rial Ki yng, Macao, le 11 octobre 1846, p.122.

122 A. L.P.（les Archives des Lazaristes de Paris）, Chine 176, Lettre de M. Combelles au Supérieur Général M. Etienne, le 24 septembre 1846, ib, p.4.

传教士进入帝国内部省份，对我影射西藏的独立地位以及（中国）驻扎官对该国摄政的暴力行径保持沉默，据此（从西藏）驱逐了我们的两位同胞。"[123]因此，不排除广州官府此次要在前次"秦噶哔、古伯察被捕事件"外交交涉当中汲取教训，在"罗勒拿被捕事件"的处置上表现得更加谨慎，避免提及罗勒拿是在西藏察木多被捕，以免在此次外交交涉中再次引起不必要的麻烦。

（三）法方的负隅顽抗

陆英于12月4日回复徐广缙12月1日的照会，正式以"西藏不属于中国"为由对罗勒拿的被从西藏驱逐提出抗议，信件原文如下：

> 阁下有幸于12月1日写给我的信与我在同一天写给阁下的信擦肩而过。阁下的这封信告诉我，广州总督写信告诉他，广西总督来信说一位曾经在四川传教的、名叫乐其昌的法国传教士被遣返广州……交给法国领事……阁下针对罗勒拿被捕一事所言与我对此事件所获知信息内容根本不符合。罗勒拿是在西藏而不是在四川被捕的。为什么人们要向阁下您掩盖真相呢？这是因为他们知道您是一位正直的人，这是因为他们预先就知道，阁下会认为中国官员在中国之外的领土上逮捕一位外国人是非法的。犯错者们清楚地知道，他们对一个一直以来（对中国）友好的国家（指法国——译者）犯下了何种错误，或者他们不敢在阁下您面前承认这些错误。我12月1日写给您的信，就是对这些始作俑者们掩盖真相再好不过的证明。罗勒拿还在广州，屈尊阁下前往讯问他，他会证明这些事情的真实性。[124]

在12月4日这封信的结尾处，陆英特地告知徐广缙他将离开广州几天，期间，中法之间的一切事务由他的第一秘书度仙顿（Duchesne）全权代理，包括被捕传教士罗勒拿的相关事宜。[125]作为法国公使，陆英在此时离开广州，将罗勒拿事件的外交处置全权委托给他的第一秘书度仙顿代理，不排除这样的安排是故意而为之，是在相关外交交涉结果可能出现不利于法国情况下的负

123 A.M.A.E., C.P., Chine, tome2，lettre de M. Bécourt au commissaire impérial Ki yng, Macao, le 11 octobre 1846, p.130.

124 A.D.N., Pékin37, Lettre de Forth-Rouen au Commissaire Impérial SIU, le 4 décembre 1848, Canton.

125 A.D.N., Pékin37, Lettre de Forth-Rouen au Commissaire Impérial SIU, le 4 décembre 1848, Canton.

隅顽抗，为的是避免罗勒拿由他这位法国公使出面接手，好为法国外交部挽回一点儿外交颜面。

其实，陆英在 12 月 4 日的信中向两广总督徐广缙表露出对"罗勒拿被捕事件"处置的强硬态度只是一种表象，私下里他却已经开始联络当家神父李博，劝说他接受罗勒拿被驱逐的事实。这一点体现在李博于 1848 年 12 月 8 日写给陆英的一封信中。李博在这封信中写道："我同意您让他（即罗勒拿——译者）立即前来同我汇合，我也给他写过好几次信让他尽早（放弃抗议）到（我）这里来。"[126]李博接受了罗勒拿被驱逐的事实，因为他"坚信这是绕不开的，并且中国人是永远不会将他（即罗勒拿——译者）再送回西藏的。"[127]对清政府不会将罗勒拿再送回西藏的原因，李博分析道："如果他们这样做了（即将罗勒拿送回西藏——译者），就会导致一个极具重要性的结论，这是他们无论如何都不能接受的。"[128]李博所说的这个"极具重要性的结论"显然指的就是"西藏不属于中国"的结论，此即，假如中国政府同意将罗勒拿再送回西藏，那就等于是向法国承认了清政府在西藏察木多逮捕罗勒拿这一做法的"非法性"，就会导致"西藏不属于中国内地"这一"极具重要性的"结论。以陆英和李博为代表的法国外交及宗教势力很清楚，这种可能性根本不存在，因此，他们一方面强撑虚张声势的外表，一方面在法国人内部不得不就接受罗勒拿被驱逐一事达成了共识。

尽管无望改变罗勒拿被驱逐的事实，无法实现其眼前的宗教利益，李博仍然继续鼓动陆英不要放过这一机会，借以挑拨中国西藏地方与清朝中央之间政治隶属关系，其用心可谓"叵测"："我深信，亲爱的先生，无论如何，罗勒拿（被驱逐）的结果都是一样的。我向您承认，我在这一事件中只看到了一个对于您来说的好机会：就西藏及其政治地位获取一些（中国）官方的解释和澄清，或者至少要去尝试（获得这一解释和澄清），因为中国人敏锐的政治洞察力会非常清楚不就此做出澄清的重要性。"[129]

同样是在 1848 年 12 月 8 日，罗勒拿本人也写了一封信给陆英[130]，信

---

126 A.D.N., Pékin37, Lettre de Libois à Forth-Rouen, le 8 décembre 1848, Hongkong.

127 A.D.N., Pékin37, Lettre de Libois à Forth-Rouen, le 8 décembre 1848, Hongkong.

128 A.D.N., Pékin37, Lettre de Libois à Forth-Rouen, le 8 décembre 1848, Hongkong.

129 A.D.N., Pékin37, Lettre de Libois à Forth-Rouen, le 8 décembre 1848, Hongkong.

130 罗勒拿 1848 年 12 月 8 日写给陆英的信中透露，当时的广州官府允许罗勒拿离开衙门到自己乐意的地方暂住，巴黎外方传教会在广州的传教士们给罗勒拿提供了

中在接受自己从西藏被驱逐这一结果的同时，鼓动陆英借此机会为法国人争取在西藏自由活动的权利。罗勒拿对他自己能否被送回西藏也有着较为清醒的认识，知道自己被按照条约约定交付法国领事已成定局，他说："我将非常乐意知道我从西藏被遣返到广州这一事件的趋势是好是坏。我不敢奢望汉官们同意将我送回西藏；即使他们想这样，也只有是在向道光皇帝汇报之后才行。不过，如果您能借此机会实现法国人可以在西藏自由行走，那您将功不可没。"[131]在当时中法《黄埔条约》的框架之下，获得这种权力的前提即"西藏不属于中国"。因此，罗勒拿的做法同李博别无二致，均是在鼓动法使陆英质疑中国西藏地方与中央政府的政治隶属关系，以借此达到法国传教士自由前往西藏传教的目的。在同一封信中，罗勒拿不仅期望陆英能为法国人争取到在西藏自由活动的权利，还进一步期望陆英能为中国教徒落实道光容教法令："我尤其希望的是，以此事件为契机，您能使中国政府彻底执行法国所要求的、对中国基督徒的容教法令，尤其是特赦那些30多年以来遭受流放和劳役之苦的教徒们，这一点在所有的传教士们看来都是最重要的。"[132]第一次鸦片战争结束后，英国对中国构成的战争威胁一直存在。罗勒拿认为，清政府出于对英国的惧怕，有可能会拉拢法国共同对付英国，因此建议陆英以此为契机提出上述要求，他说："中国认为接下来与英国很快就会有一场战争，这给法国提供了一个绝好的机会，以提出自己的要求。"[133]1662年，巴黎外方传教会创始人之一弗朗索瓦·巴律率领7名传教士从马赛启程前往远东传教，此时教廷传信部指示他们"适应当地的风俗和习惯，同时避免介入政治事务。"[134]这一要义也被陆芳济定为巴黎外方传教会的会规之一。作为巴黎外方传教会的传教士，单单为达成教会的宗教利益，李博和罗勒拿公然插手法国与中国的外交政治事务，其所作所为严重违背了罗马教廷传信部当时的海外传教思维以及巴黎外方传教会的会规，使天主教宗教使徒们的在华活动蒙上了某种不光彩的色泽。

　　一个住处，罗勒拿在那里可以自由地与外界保持通讯联络。参见 A.D.N., Pékin37, Lettre de Renou à Forth-Rouen, le 8 décembre 1848, Canton.

131 A.D.N., Pékin37, Lettre de Renou à Forth-Rouen, le 8 décembre 1848, Canton.

132 A.D.N., Pékin37, Lettre de Renou à Forth-Rouen, le 8 décembre 1848, Canton.

133 A.D.N., Pékin37, Lettre de Renou à Forth-Rouen, le 8 décembre 1848, Canton.

134 Jean Guennou, *Missions Etrangères de Paris,* le Sarment Farard, 1984, p.74.

（四）徐广缙强硬又不失机智的外交应对

1848 年 12 月 10 日，两广总督徐广缙照会法国公使陆英，对他"由清政府护送罗勒拿重回西藏传教"的无理要求予以驳斥，他说："尊贵的公使阁下在来信当中的辩解以及他所说的协助这位传教士（即罗勒拿——译者）返回西藏的必要性，这是没有道理的。"[135]面对陆英关于"中国官府有意隐瞒罗勒拿被捕真实地点"的指责，徐广缙予以委婉地否认并报之以机智地反驳，他强调无论罗勒拿在哪里被捕都必须在四川受审："在（阁下）的信中，说这个传教士是在西藏被捕而不是在四川，因此得出结论其中有所隐匿，这是没有道理的。这一事件由四川总督处置，无论这个传教士是在哪里被逮捕的，他都应该在四川受审，至于我，对此没有什么可做的。因此，为什么说'有掩饰'并在来信中使用那些朋友之间不能使用的措辞呢？我设想可能是那位执笔这封信的人没有斟酌您说的话，因为（我知道）阁下是明白道理的人，您绝对不会允许使用不符合您真实意思表示的话语……"[136]徐广缙表示，他已经决定将罗勒拿移交陆英，说他这样做正是为了保持中法"两国间和谐及默契的关系"，徐广缙强调："四川总督和江西总督将这个传教士遣送给广州的我，我按照条约将之交给阁下，以便阁下收管，这，我可以说，是完全友好和正义的。"[137]除此之外，徐广缙还借人道主义反诘陆英，提醒他作为罗勒拿的法国同胞，不应该置其安危于不顾而打算将之重新送回西藏："乐其昌（即罗勒拿——译者）与阁下不是同一个国家的人吗？当然是！我，（清政府的）高级官员，我不愿令其承受旅途劳顿，阁下又如何可以这样？（竟然）同意让他去遭受几千里旅途中的风雪之苦？我不愿做此设想。"[138]在罗勒拿事件的外交交涉中，为达成其宗教及外交利益，法国在华宗教及外交势力试图否认中国西藏地方与中央政府的政治隶属关系，两广总督徐广缙将以其高超的外交智慧化解一次有可能发生的外交纠纷。

135 A.D.N., Pékin37, Lettre du Commissaire Impérial SIU à Forth-Rouen, le 10 décembre 1848, Canton.

136 A.D.N., Pékin37, Lettre du Commissaire Impérial SIU à Forth-Rouen, le 10 décembre 1848, Canton.

137 A.D.N., Pékin37, Lettre du Commissaire Impérial SIU à Forth-Rouen, le 10 décembre 1848, Canton.

138 A.D.N., Pékin37, Lettre du Commissaire Impérial SIU à Forth-Rouen, le 1er décembre 1848, Canton.

三、罗勒拿被移交法方

（一）法方同意接管罗勒拿

接到徐广缙 1848 年 12 月 10 日的照会后，法方感觉彻底无望凭借"西藏不属于中国"的借口迫使清政府协助罗勒拿重新返回西藏，同一天，陆英委托度仙顿正式照会徐广缙，声称出于对中法"友好"关系大局的考虑，法方同意接管罗勒拿："为了向阁下表示我一直以来在与中国政府的关系中所表现出的随和态度，考虑到一旦阁下就我向他提出的'将罗勒拿送回西藏'的要求呈请（朝廷），这样会给中国当局带来尴尬，我们就权当乐其昌是在中国领土上被捕的，我同意接手这个法国人并授权度仙顿为他（即罗勒拿——译者）从阁下之手获得自由出具证明。"[139]在同意接管罗勒拿的同时，法方并没有放弃其分裂中国西藏地方与清朝中央政治隶属关系的错误立场，继续借此威胁徐广缙："然而，（法国）外长先生，他的指责，我已经转达给阁下，关于违背条约将一位法国公民在中国领土之外的地方逮捕，这令人恼怒，（这些指责将）继续强有力地存在。一项违法行为即已铸成，并且如果这一性质的事件再次发生的话，只会以一种遗憾的方式损害我们两个帝国之间的（友好）关系，这一关系在阁下的悉心经营之下曾经是那么的亲密，我坚信，它会越来越令人满意。"[140]

（二）罗勒拿移交法方

陆英授权其第一秘书度仙顿具体办理罗勒拿的接管事宜，度仙顿很快便收到了徐广缙的来信，以商议如何移交罗勒拿。度仙顿于 1848 年 12 月 11 日回复如下："有幸接到阁下新写给我的信件，为表明我取悦于阁下的渴望，我急切地告知阁下，是否能派一位官员来我这里就此进行磋商，我将与他商定一个日期，以便能够结束中国官员对乐其昌的（看管）责任。"[141]但是，度仙顿依然在罗勒拿逮捕地点的相关问题上耿耿于怀："乐其昌在路上受到优待，但是我已经对您说过，尽管他来自广西，这并不能说明他不是来自西藏，因此，（我）就这一点讲清楚，以免（你们）说是法方的翻译没有翻译

139 A.D.N., Pékin37, Lettre de Forth-Rouen au Commissaire Impérial SIU, le 10 décembre 1848, Canton.
140 A.D.N., Pékin37, Lettre de Forth-Rouen au Commissaire Impérial SIU, le 10 décembre 1848, Canton.
141 A.D.N., Pékin37, Lettre de Duchesne au Commissaire Impérial SIU, le 11 décembre 1848, Canton.

对我的观点。"[142]

应度仙顿的要求，徐广缙于 1848 年 12 月 12 日派遣一位官员前往与度仙顿会谈，双方商定于 13 日交接罗勒拿。[143]在前往接手罗勒拿之前，度仙顿蓄意在交接细节上做一些文章："我提前让人通知他（指罗勒拿——译者），要（他）抗拒汉官为将他交给我所采取的所有措施，我宁愿是去领他而不是去接手他，以便将之区别于真正意义上的交付。"[144]度仙顿对交付过程进行了详细记述："汉官准时赴约：13 日中午，……在签署我要交给徐（广缙）的、关于接手罗勒拿的照会之前，我让翻译马科斯将之念给汉官听。念完之后，我在上面签了字并盖了章，将之交给他转交总督（徐广缙）。自此，罗勒拿先生被释放，当天晚上 6 点钟，他坐上克尔赛尔号（Corsaire）蒸汽船前往香港，您很快就会收到有关他到达（香港）的消息。"[145]

在此，非常有必要展示一下度仙顿因接受罗勒拿而出具的照会的内容，全文列出如下：

"……我向智慧的阁下（指徐广缙——译者）说明以下几点：

1. 在乐其昌的逮捕发生在中国领土上而不是其他地方的情况下，这位法国人的交付简洁明了地符合（《黄埔条约》）条约第 23 条之规定。2. 鉴于现在这种情况，不是也不可能是这样的，因为不能证明这一逮捕是发生在中国的领土上。3. 然而从另一方面来说，这位法国人重获自由是必需的。4. 为向阁下证明我迫切希望阁下愉快，我同意他的请求，同意乐其昌脱离他的看管，以避免其继续负担他（指乐其昌，即罗勒拿——译者）在广州逗留期间的费用；但是我们要通知阁下的是，这是一种让步，这位法国人的交付并不意味着同意任何针对他的被捕所采取的措施，其合法性也丝毫不能得到认可。5. 因此必须保留权利，否则只会承认中国甚至有权在他的领土范围之外逮捕法国人。6. 一旦保留这些权利，我们赶快满足阁下的要求，宣称从看管乐其昌的中国官员手中接手他（指罗勒拿——译者），自

---

142 A.D.N., Pékin37, Lettre de Duchesne au Commissaire Impérial SIU, le 11 décembre 1848, Canton.

143 A.D.N., Pékin37, Lettre de M. Duchesne au Ministre des affaires étrangères de France, le 14 décembre 1848, Canton.

144 A.D.N., Pékin37, Lettre de Duchesne au Ministre, le 14 décembre 1848, Canton.

145 A.D.N., Pékin37, Lettre de Duchesne au Ministre, le 14 décembre 1848, Canton.

1848 年 12 月 13 日我们接手，乐其昌不再由他们负担。"[146]

1848 年 12 月 13 日，广州

度仙顿

1848 年 12 月 13 日，度仙顿代表陆英及法国政府从两广总督徐广缙派来的官员手上接管罗勒拿，后者于当天晚上 6 点乘船前往香港巴黎外方传教会总务处。至此，巴黎外方传教会借法国在华外交势力之帮助对抗清政府驱逐其传教士的企图彻底落空。劳内《西藏传教史》一书曾对这一结果做如下评论："在古伯察、秦噶哗之后，通过（从西藏）驱逐罗勒拿，她（指中国——译者）证明其在西藏有足够的权力允许或者禁止福音在那里传播。"[147]虽然法方坚持不认可罗勒拿被捕的合法性，但是事实胜于雄辩，法国驻华公使从清政府手中接管罗勒拿的外交行为使其"西藏不属于中国领土"之谬论不攻自破。

小　结

19 世纪中叶，重返中国西藏的传教热忱在天主教会内部日益高涨，在此推动之下，巴黎外方西藏传教会传教士罗勒拿开启该会首次进藏活动，却受阻于西藏察木多。罗勒拿在察木多被清廷驻守官兵逮捕并被遣返至广州。之后，尽管法国在华外交与宗教势力负隅顽抗，两广总督徐广缙坚持依据中法《黄埔条约》相关约定，将罗勒拿移交给驻广州法国公使陆英收管。这一结局恰恰印证了在当时反对重返西藏传教的四川主教马伯乐的预言：巴黎外方传教会进藏传教士不可避免会重蹈遣使会进藏传教士秦噶哗、古伯察的覆辙，将被清廷逮捕并驱逐。罗勒拿的此次进藏活动是天主教会重返中国西藏拉萨传教计划形成后的"首战"，其失败结果严重挫败了教会上层从中国内地前往西藏拉萨传教的信心，迫使他们开始考虑着手开辟其他方向的进藏路线。

---

146 A.D.N., Pékin37, Lettre de Duchesne au Ministre, le 13 décembre 1848, Canton.

147 A. Launay, *Histoire de la mission du Thibet,* tome 1, Paris: Les Indes Savantes, 2001, p.96.

第四章　进藏路线及进藏策略的调整

正如反对由川进藏传教的四川主教马伯乐所预见，1848 年 3 月，清廷驻藏官兵将违反《黄埔条约》约定擅自入藏的法国传教士罗勒拿缉拿并驱逐，将之交给驻广州法国公使陆英收管，巴黎外方西藏传教会首次进藏活动以失败告终。

1846 年遣使会传教士秦噶哔、古伯察在藏传教活动的失败以及 1848 年罗勒拿经由川藏线进藏活动的失败，这两项事件使外方传教会巴黎总部逐渐清醒地认识到，清廷“禁止外国人越界五口进入中国内地”的政令是为从中国内地重返西藏传教所面临的巨大障碍，这迫使他们将目光转向青藏高原南麓，试图启用 17 至 18 世纪中叶早期传教士从南亚之印度、不丹等地进入中国西藏的路线。不久之后，巴黎总部在进藏策略上也作出重大调整，决定放弃最初设定的“前往西藏首府拉萨传教”的目标，考虑先在西藏边缘地带立足并形成传教堂口，以作为将来到达拉萨传教的阶梯。担心从中国内地进藏之路线被彻底弃用，罗勒拿分别于 1848 年 12 月 28 日及 1849 年 1 月 28 日、2 月 27 日、7 月 25 日写信给巴黎总部，力陈从中国内地之四川和云南进藏路线较之于从南亚的印度、不丹等地进藏路线的种种优势所在，希望教会上层适时重启中国内地一侧的进藏活动。巴黎总部分别于 1849 年 3 月 17 日、5 月 21 日、10 月 22 日及 11 月 23 日回复罗勒拿，表示不会因为致力于开辟南亚方向的进藏路线而放弃中国内地之进藏计划，但是尚不能确定罗勒拿是否可以参与开展新的进藏尝试活动，命罗勒拿在得到确切指令之前暂时留在广东代牧区工作。

第一节　再次进藏路线的筹谋与探讨

一、由南亚之印度、不丹等地进藏的意愿

　　1848 年 12 月 14 日，罗勒拿被两广总督徐广缙移交给法国公使陆英。同月 21 日，巴黎外方传教会的长上们便写信给一位名为奥利弗（Oliffe）的宗教人士，后者时任印度孟加拉（Bengale）宗座代牧区代牧副主教，信中表达了他们对西藏传教会进藏路线的调整意图。外方传教会巴黎总部这样写道："应波尔基主教——安哥拉宗座代牧——的请求，传信部于 1846 年将与我（属下）四川传教会毗邻的西藏（教区）交给我们，延伸至拉萨之外，设立同名的（拉萨）宗座代牧区，我们一开始就明白这个新任务存在巨大困难……同时，两位遣使会传教士，秦噶哔（Gabet）和古伯察（Huc），满怀真正的使徒热忱，从蒙古北部出发到达拉萨，希望在那里传播福音。他们在长长的旅途之中所遭受的苦难和艰险让人不能不为之动容。这（苦难）由拉萨政府给予他们的热情接待予以弥补。……不幸的是，对当地政权具有千真万确影响力的那个汉官（即驻藏大臣琦善——译者）要求两位传教士离开（拉萨）……在对汉官的苛求坚决抗议之后，古伯察和秦噶哔被押往广州。后者返回欧洲，以准备新的（进藏）尝试，打算经由喜马拉雅山脉尝试（进藏），……得知传信部近来针对拉萨传教会的新部署（即传信部已经将新时期的西藏教务交给了巴黎外方传教会——译者），他们不能再继续他的（进藏传教）计划，……[1]表面上看，巴黎外方传教会是在向奥利弗主教讲述天主教会近期于西藏教务上的新部署以及新动向，实则以秦噶哔、古伯察的进藏活动为例陈述由中国内地进藏传教面临的巨大困难，同时，为接下来讲述巴黎外方西藏传教会传教士罗勒拿首次进藏活动失败做铺垫："我们曾经寄希望于四川一侧（前往拉萨），我们曾急切地等待由我们的一个传教士（指罗勒拿——译者）所开展的一次（进藏）探索的结果，他前往（西藏拉萨）为其他传教士开辟道路。不幸的是，我们刚刚得到消息，这位传教士在途中被一位汉官逮捕并被遣返至广州。这一祸事，必然会再次上演，再加上（由川进藏）路途艰险，这形成了一种从四川前往拉萨确实的不可能性（l'impossibilité réelle）。"[2]鉴于此，巴黎外方传教会决定另辟由印度阿萨姆邦进藏之蹊径："正是出于需要，我们被迫改

1　A. M. E., vol.64, les directeurs du Séminaire à Mgr. Oliffe, le 21 décembre 1848, p.180.
2　A. M. E., vol.64, les directeurs du Séminaire à Mgr. Oliffe, le 21 décembre 1848, pp.180-181.

变最初（由川进藏）的计划，并将我们的目光转向印度。……因为经由印度
（前往西藏拉萨）的路线比从中国（内地前往西藏拉萨）要直接的多。而且，
我们的传教士可以在比他们前往中国四川短得多的时间内到达阿萨姆邦，（四
川）路途那么遥远。根据一位在阿萨姆待过一段时间的传教士格翰（Guérin）
给我们提供的信息，这一地区与拉萨之间的交通便捷。我们知道不能就此推
论（由印进藏路线上）没有针对欧洲人通行的禁令，但是，无论如何只存在
这一个障碍，况且（这一障碍）在我们（中国的）大多数传教会都存在……"
[3]以上所引信件内容阐明了导致巴黎外方传教会转换进藏路线思路的直接原
因：秦噶哗、古伯察及罗勒拿在从中国内地进藏过程中遇到了巨大的自然困
难以及"清廷禁止传教士进入中国内地"这个难以逾越的政治障碍，由印度
进藏的路线则存在"路线近、交通便捷"等优势。事实上，巴黎外方传教会之
所以计划由印度前往中国西藏，除了上述直接原因外，还应当与以下三个因
素有关：

其一，早期传教士由印进藏的成功案例。17 至 18 世纪中叶，早期进藏活
动的传教士或者从印度出发前往西藏（17 世纪在印度活动的耶稣会传教士们
的进藏活动——笔者注），或者从欧洲出发经印度前往西藏（18 世纪意大利嘉
布遣会传教士们进藏活动——笔者注），他们均成功翻越喜马拉雅山脉进入到
中国西藏，并且还开展了一定的传教活动。不排除早期进藏传教士们的成功经
历会使巴黎外方传教会认为，由印进藏是前往西藏较为成熟的路线。这一点在
史学家劳内《西藏传教史》一书也可以得到印证，他说："看到从中国内地进
入西藏存在众多的困难……他们（指巴黎总部的长上们——译者）考虑经由印
度边境派遣传教士（前往拉萨），这些（边境）曾被 17、18 世纪前往拉萨的福
音传播者们成功跨越。"[4]

其二，波尔基的影响。拉萨宗座代牧区设立后不久，原西藏—印度斯坦宗
座代牧主教波尔基曾以"传教士可以在喜马拉雅山脉一带遇到质朴并容易被
归化的民众"为由，建议拉萨宗座代牧区将其范围拓展至喜马拉雅山脉一带，
并称那里有教堂、修道院等对传教活动有利的条件。[5]

3　A. M. E., vol.64, les directeurs du Séminaire à Mgr. Oliffe, le 21 décembre 1848, p.181.

4　A. Launay, *Histoire de la mission du Thibet,* tome 1, Paris: Les Indes Savantes, 2001,
　　p.99.

5　A. M. E., vol.556, Mgr. Borghi aux directeurs du Séminaire des M.E.P., le 3 septembre
　　1846, p.7.

其三，马伯乐的影响。早在拉萨宗座代牧区成立之初，四川主教马伯乐就曾以"中国皇帝禁止传教士进入中国内地"为由强烈反对由川进藏。[6]他认为印藏路线较之于川藏路线更为便捷安全，因为据他所知，从加尔各答到拉萨的路程只有从广东到拉萨路程的大约三分之一，并且拉萨—加尔各答的路有一半在英属印度领土之上，那里有传教自由，并且很容易获得英国政府的保护。[7]19 世纪中叶，英国人已经将其在印度的殖民势力推进至距中国西藏较近的阿萨姆邦（Assam）。[8]罗勒拿首次进藏活动的失败印证了马伯乐之前的分析和预测，由此，巴黎外方传教会转而认同马伯乐关于印藏路线安全便捷的观点，认为与禁止外国人进入中国内地的清廷相比，印度地域内占统治地位的英国人对于进藏的法国传教士不但不会阻拦，还有可能会给他们提供帮助和保护。

在以上诸原因的推动下，巴黎外方传教会将目光转向印度，迫切希望孟加拉宗座代牧区能够在其教务管辖范围内的阿萨姆邦给西藏传教会提供一个落脚点，同时希望该会的传教士们能获得在该邦自由进行传教活动的权力："我们斗胆希望上帝的荣耀——您为之奉献毕生——能促使您对我们冒昧向您提及的计划予以善意的帮助。……我们敢于期望，如果我们的传教士们在阿萨姆邦能有一个落脚点的话，他们能够……没有太大困难地跨越他们与拉萨之间不长的距离。在阿萨姆邦短暂停留期间，如果阁下愿意赋予他们必要的（传教）权力，他们将为能在那里开展传教活动而深感荣幸。我们也将非常敬重您的这片好意。"[9]

除了抱有开辟由印进藏路线意愿之外，巴黎外方传教会还打算经由南亚的不丹尝试开展进藏活动。这一点反映在罗勒拿于 1849 年 2 月 27 日写给巴黎长上们的一封信中，他说："李博先生已经将你们告知他的计划讲给我听了，即从不丹尝试（进藏）。"[10]

---

6 A. M. E., vol.527, Mgr. Pérocheau aux directeurs du Séminaire des M.E.P., le 1er septembre 1847.

7 A. M. E., vol.527, Mgr. Pérocheau aux directeurs du Séminaire des M.E.P., le 1er septembre 1847, p.298.

8 1826 年，英国殖民者进入阿萨姆地区，通过与缅甸签订《杨达波条约》将阿萨姆割让于英国，英国派总督对阿萨姆进行管理，从而结束了傣族在阿萨姆 600 余年的统治，阿萨姆也就此成为了英属印度的一个省。

9 A. M. E., vol.64, les directeurs du Séminaire à Mgr. Oliffe, le 21 décembre 1848, p.181.

10 A. M. E., vol.556, M. Renou aux directeurs des M.E.P., le 27 février 1849, p.27.

二、罗勒拿坚持并建议中国内地之进藏路线

上文提到，秦噶哔、古伯察和罗勒拿被驱逐以及川藏路线上的艰险，这使外方传教会巴黎总部的长上们认为由川进藏不可行，因此转而探究由南亚开辟新的进藏路线。也许是对此有所预见，1848 年初在离开察木多被解往四川之前，罗勒拿便迫不及待地写信给巴黎总部："我的被捕一点儿都不应该影响我们圣神宗教的继续传播。我走了（中国内地）一条最危险的路，我失败了。还有其他安全得多的路，在有一些 Principautés（土司辖地——译者）内，一个汉官也没有……。"[11]

于广州被交付给法使秘书度仙顿之后，罗勒拿便起程前往香港的巴黎外方传教会当家处暂住。期间，罗勒拿从当家神父李博口中获知，巴黎外方传教会的长上们正在逐步筹谋从南亚之印度、不丹等地尝试开展进藏活动。担心从中国内地进藏的路线就此被弃用，罗勒拿分别于 1848 年 12 月 28 日及 1849 年 1 月 28 日、2 月 27 日、7 月 25 日写信给巴黎长上，力陈从中国内地之四川、云南出发开展进藏活动的种种优势所在。兹详述于下：

（一）由川入藏路线最优。

1848 年 12 月 28 日，罗勒拿在香港写信给巴黎总部长上，对从中国之四川、云南以及从南亚之印度三个方向进藏的道路条件进行了对比，认为四川的进藏路线最优："我认为只有四川的路是合适的。孟加拉的路几乎是不通的，尤其是最近几年，中国政府在那里针对英国人的戒备十分森严，云南（进藏）的路十分受限，不能到达北侧几个最重要的地点（可能指的是川藏线上的打箭炉、巴塘、理塘等地——译者）。四川有好几条便道可以通达从云南出发能够到达以及不能到达的所有地方。"[12]

首先，罗勒拿认为川藏线路况并非艰险至极，而且由川进藏的传教士可以走没有汉官驻守的"便道"，以避免被官府抓捕。在罗勒拿进藏之前，遣使会传教士古伯察与秦噶哔刚刚经由川藏一线被逐出西藏。这两位传教士曾在他们的书信中骇人听闻地描述过川藏之间的险途，这些描述曾经对四川主教马伯乐产生过巨大的影响，也是导致马主教极力反对由川入藏的主要原因之一。担心这种负面影响波及到教会上层，使他们彻底放弃由川藏线进藏，罗勒拿以

---

11 Renou aux directeurs du Séminaire des M.E.P., le 12 avril 1848. In A. Launay. *Histoire de la mission du Thibet.* Tome 1, Paris: Les Indes Savantes, 2001, p.102.

12 A. M. E., vol.556, M. Renou aux directeurs des M.E.P., le 28 décembre 1848, p.14.

他往返察木多的亲身经历表达了不同的观点："不应该仅仅依据古伯察与秦噶哔的描述就做出判定，（他们的描述）充满了对道路（艰险）的夸大其词，应该还原（道路）本来的价值。通过往返（察木多），我走了他们出藏之际所走过的大部分道路，它们（指这些路——译者）不能说很美好，但是，那些汉官坐着滑竿从那里经过，他们的士兵每天都走这些路，那些商人赶着他们驮茶的牛群路过（这些路），它们比上述先生们（指秦噶哔、古伯察——译者）所描述的要好走些。"[13]但是，罗勒拿非常清楚，动摇长上们由川入藏信心的最大因素并非川藏道路的艰险，而是传教士们在进藏沿途被驻守川藏官道清廷官兵抓捕的危险，他和遣使会传教士秦噶哔、古伯察在西藏被捕的实例便是明证："那些人声称传教士们应该放弃由四川进入西藏的路线，（他们）极力反对的理由之一就是，（那里）根本没有安全的路，（传教士们）始终处于被汉官抓捕的危险之中，以我与遣使会传教士们的例子为证。"[14]在此情况下，罗勒拿提议传教士们进藏可以绕开川藏官道，走清廷疏于监守的"便道"："传教士不能走被称作官道（grandes routes ou routes chinoises）的路，（官道）太危险，而是要走便道（petites routes ou routes de traverse），他（指进藏传教士——译者）将非常容易前往官道南北两侧大量的（藏民）部族当中立足，那里不存在丝毫来自汉人的威胁。"[15]罗勒拿对所谓的"官道"和"便道"做了如下解释："从打箭炉一直到拉萨开外，中国人有一条结束于日喀则（中文'定日'——原文）的军事线路，到拉萨共有15或者16个驿站，（每个驿站）有一位武官，级别高低不一，手下有几十个士兵……中国政府建这些兵站的主要目的是为了方便皇帝派往西藏汉官的行走以及（进出藏）官文的寄送。这种路就是我前往西藏并返回时所走的路，被人们称作大路或者官道。"[16]罗勒拿认为官道的劣势在于，它需要途经人口稠密之地，因此大幅增加了进藏传教士的行程距离，同时，途经官道需要持有护照（passeport）："派遣汉官沿途所需运输牲畜均由当地人提供……（因此）需要这条路途经人口稠密的地方，（因为）那里牛马的数量最多，（而且）食物也更容易获得。（但是）这种路……增加了一半儿的行程……（而且）走它（即走官道——译者）的商人必须持有护照。"[17]，也就是

---

13 A. M. E., vol.556, M. Renou aux directeurs des M.E.P., le 28 janvier 1849, p.26.

14 A. M. E., vol.556, M. Renou aux directeurs des M.E.P., le 28 janvier 1849, p.16.

15 A. M. E., vol.556, M. Renou aux directeurs des M.E.P., le 28 janvier 1849, p.16.

16 A. M. E., vol.556, M. Renou aux directeurs des M.E.P., le 28 janvier 1849, p.17.

17 A. M. E., vol.556, M. Renou aux directeurs des M.E.P., le 28 janvier 1849, p.17.

说，要走官道的话，进藏传教士不仅要多走一半儿的行程，还要像商人们一样持有护照，同时，途经官道上人口稠密之地必然增加传教士被捕的危险。相比之下，"有一种小路或者叫便道，它们要直接得多，沿途要翻越的山脉也要低得多，这种路是汉藏商人常走的路……这些路在空旷的荒野中穿行，有时五六天都碰不到一户人家……这种便道有极大的优势，走它们的话，从一个部族到另一个部族，一个汉官都不会遇见，穿着汉服的话就不需要出示护照……"。[18]罗勒拿还以打箭炉到察木多之间的便道与官道为例，突出便道距离短、无汉官"威胁"等优势："走官道的话，需要一个月从打箭炉到察木多，走便道，行程是 14 天。（走便道的话）要穿越大片的荒野，却一点都不用害怕遇到汉官。"[19]

其次，四川是巴黎外方传教会的传教势力范围，毗邻西藏的四川上南道（Chang lan-tao，上川南）有数量可观的教民，可以给西藏传教会的传教活动提供诸种便利。罗勒拿认为，西藏传教会的传教士们十分需要在四川毗邻西藏一侧属于外方传教会自己的传教势力范围内有一个可靠的落脚点，他说："如果你们想认真开启西藏传教会，你们就应该首先考虑最为便捷的四川的路……至少对于我会的传教士们来说是最为有利的。"[20]因为，自 18 世纪以来四川便是巴黎外方传教会的传教势力范围，而且"四川上南道（méridional supérieur 上川南——原文）的整个西部与西藏接壤，本身就有好几千教徒，传教士们在那里可以找到进入西藏所必须的所有资源：信使、可以给他们带路的传道员以及一些自愿前往西番安家的教友家庭。"[21]

再者，汉藏杂居的四川明正土司可以给西藏传教会的传教士们提供语言学习以及与藏民交往的便利。罗勒拿首先指出，明正土司将是西藏传教会传教士们学习藏语以及同藏民交往的一个非常重要的地区。他说："如果西藏传教会由四川开始，正如自然应该这样，明正土司是一个非常重要的点，或者对于（传教士们）学习在整个西藏都通用的（藏文）语言，或者对于（传教士们）与每年前来（明正土司）贸易的西部（藏民）土著以及拉萨商人之间建立交往联系。"[22]在此，罗勒拿特别强调了明正土司对于进藏传教士们学习藏语的重

18　A. M. E., vol.556, M. Renou aux directeurs des M.E.P., le 28 janvier 1849, p.17.

19　A. M. E., vol.556, M. Renou aux directeurs des M.E.P., le 28 janvier 1849, p.21.

20　A. M. E., vol.556, M. Renou aux directeurs des M.E.P., le 28 janvier 1849, p.25.

21　A. M. E., vol.556, M. Renou aux directeurs des M.E.P., le 28 janvier 1849, p.25.

22　A. M. E., vol.556, M. Renou aux directeurs des M.E.P., le 28 janvier 1849, p.16.

要性和便利性："传教士们将拥有一大优势，就是使用纯正的藏语，他将能够走遍我上文提到的（藏民）部族，……总之，（走遍）所有西藏下辖的地区。在某些地方可能会遇到的很轻微的（藏语）发音不同，以至于不会对掌握了通用（藏）语言的人造成困扰。这一通用（藏）语言在明正土司境内被广泛使用。如果该 principauté（指明正土司——译者）是被派往西藏的传教士们的出发地的话，他们将在那里找到学习（藏文）语言的极大便利。"[23]为此，罗勒拿再次提到明正司辖地的中心城市——打箭炉："这个城市……是四川和西藏之间贸易货物的集散地，也是汉商、汉官及其士兵前往西藏的出发地，（在打箭炉）安置几位聪明的教徒，或者是商人，或者是医生……就可以在城里的汉人及（藏民）土著人周围开始传教，就可以将之打造成一个（传教）活动中心。"[24]前文述及，罗勒拿1847年首次进藏途经打箭炉之际，因为炉城驻有大量的清廷官兵而未敢暴露自己欧洲传教士的身份，而是以商人的身份在那里学习了一个月的藏语便匆匆离开。同一封信中，罗勒拿提出了尽量避开汉官盘查的对策："的确（打箭炉）由汉官把守的海关（douane）戒备十分森严，但是，当有几个（教友）家庭安置在城里，一位新来的商人（指装扮成商人的传教士——译者）所引起的不安就很容易被消除。"退一步，"如果一位欧洲神父不能在（打箭炉城）里面待太长时间，至少很容易在那里安置一位汉人神父，或者经由所谓的官道，或者经由便道，给驻扎在内地（即汉地——译者）某些堂口的（法国）传教士寄送他所需的东西。"[25]罗勒拿认为，即使打箭炉对于传教士们来说太过危险，在明正土司地域内还有其他很多安全的地方可去："如果打箭炉对于一位欧洲传教士来说太过危险，在明正司内还可以找到大量远离汉官的地方，在这些地方可以建立一些比穆坪还要安全的（传教）机构，我们在（穆坪）立足已有 20 年的历史了。"[26]最后，罗勒拿再次强调了明正土司对于进藏传教所存在的优势："在那里（指在明正司地域内——译者），新来的传教士可以学习（藏文）语言，从那里，他们将很容易前往邻近的（藏民）部族，甚至经由便道到达拉萨。"[27]

此外，罗勒拿还多次在信中建议巴黎总部考虑将属于四川传教会传教地

23 A. M. E., vol.556, M. Renou aux directeurs des M.E.P., le 28 janvier 1849, p.21.

24 A. M. E., vol.556, M. Renou aux directeurs des M.E.P., le 28 janvier 1849, p.16.

25 A. M. E., vol.556, M. Renou aux directeurs des M.E.P., le 28 janvier 1849, p.16.

26 A. M. E., vol.556, M. Renou aux directeurs des M.E.P., le 28 janvier 1849, p.16.

27 A. M. E., vol.556, M. Renou aux directeurs des M.E.P., le 28 janvier 1849, p.16.

盘的上川南划归西藏传教会。他说："为了让传教士们能够将他们为西藏传教会制定的所有计划付诸于实施，仅仅允许他们路过四川是不够的，而是应该让他们在那里有一个落脚点，一个在自己（传教）地盘上的（落脚点），在那里他们可以学习汉语……学习藏语……有他们安置在当地的一些可供支配的汉民教徒，（汉民教徒）被以商人的身份派到（西藏）里面去探路，直接将他们（传教士们——译者）的信件寄往广州，（汉民教徒）负责传教活动，在他们（传教士们——译者）不能马上进入西藏之际。……也就是说，四川（传教会）至少应该将它的几个最西部的、汉藏杂居的堂口以及由其他几个城市构成的名为上川南的地区让与西藏传教会。"[28]罗勒拿就上川南的地域范围向巴黎总部作了如下描述："构成上川南的几个主要城市是嘉定府（Kia-tin-fou,今四川乐山）、眉州（mei-tchou,今四川眉山）、邛州（kiong-tcheou,今四川邛崃）、雅州府（ya-tchou-fou，今四川雅安）以及汉源府（hin-yuen-fou,今四川汉源）。"[29]罗勒拿认为，要是四川传教会将上川南让与西藏传教会的话，传教士们从四川进入西藏的优势将会更明显，因为拉萨宗座代牧主教无论成败都将是在自己的地盘上，他将会有替他送信到广州的信使，会有前往西藏为他打前站的传道员，会有一些汉人教友家庭愿意到藏区安家立足，以给西藏传教会提供支持，他可以在打箭炉设立一些机构，以便与大批前来贸易的藏民建立联系，也可以找到深入某个藏民部族的可靠的向导；在出发进入西藏之前，传教士们还能拥有一切学习藏语的便利条件。[30]

（二）由滇入藏路线次之

罗勒拿认为，除却由川进藏的路线之外，也可以考虑由滇进藏，因为"云南也有好几条路"经由丽江城通往没有汉官的一些部族。[31]首先是一条从丽江通往南墩（Lan-ten）的路。罗勒拿描述，南墩位于金沙江以西，距巴塘约 20 古法里，属于拉萨管辖，罗勒拿言称，这个南墩镇以其每年冬天的一个大集市而闻名，藏民将成群的牛羊赶到那里，将麝香、鹿角、藏药带到那里，以交换四川和云南商人的茶叶、瓷器、皮具等，"在集市期间，一位着藏装的欧洲人，会找到好的向导，能够没有困难前往（西藏拉萨),这个镇子里，有一些汉商，

28　A. M. E., vol.556, M. Renou aux directeurs des M.E.P., le 28 décembre 1848, p.14.

29　A. M. E., vol.556, M. Renou aux directeurs des M.E.P., le 28 décembre 1848, p.14.

30　A. M. E., vol.556, M. Renou aux directeurs des M.E.P., le 27 février 1849, p.28.

31　A. M. E., vol.556, M. Renou aux directeurs des M.E.P., le 27 février 1849, p.28.

有 4 个送信的兵差，却没有一个汉官。"[32]其次是一条经由丽江府通向西藏南部的路。罗勒拿说：如果这条路不是太糟糕的话，可能就可以将传教士们带到西藏的整个东南部。"[33]此外，罗勒拿认为从云南进藏的路途比经由四川要短，但是，与四川进藏的路线相比，云南进藏的路线只能作为备用，因为滇藏边界可供开展传教活动的基础较为薄弱："尽管云南也通往西藏，但是其便捷条件远不如四川，无论是（可以归化的）汉民，还是（可以利用的）数量少且远离（滇藏）边界的教徒，因此，只能在机会合适之际经由云南（前往西藏拉萨），它不能成为（西藏传教会传教活动的）中心。"[34]

（三）从中国内地的四川、云南前往西藏的路线优于其他路线

就川藏线和滇藏线作比较，罗勒拿认为由川进藏优于由滇进藏，但是同另外的进藏路线相比较，罗勒拿则认为川滇进藏路线最优："四川和西藏之间有所有合乎需求的便利交通，云南省经由该省北部的丽江府（前往西藏拉萨）也同样（便利）。在这些省当中的一个或者另一个，被派往西藏的传教士们将在（巴黎外方传教会）邻近西藏的（四川和云南）代牧区内拥有一个落脚点，远比他们在外国人（管辖的代牧区）当中找到的（落脚点）要方便得多。"[35]罗勒拿此处所言"外国人"指的是当时管理印度孟加拉宗座代牧区的英国神职人员。因为当时的印度是英国的殖民势力范围，印度的天主教教务则主要由一些英国籍神职人员管理，其中包括巴黎外方传教会总部之前曾经写信联系过的孟加拉宗座代牧区副主教奥利弗。罗勒拿认为，相比之下，如果选择从印度进藏，巴黎外方西藏传教会的传教士们将被迫首先置身于英国人统领的孟加拉宗座代牧区，远不如在中国四川和云南自己的传教势力范围内更为便利。

三、罗勒拿对印度、不丹等地进藏路线的否定

1849 年前后，巴黎总部的长上们积极筹划为西藏传教会在印度阿萨姆邦获取一个落脚点，同时，他们还打算开辟从不丹到中国西藏拉萨的进藏路线。从巴黎外方传教会驻香港当家神父李博处获知此消息后，罗勒拿向巴黎总部写信称，经由阿萨姆邦或者不丹的进藏路线根本不可行。这主要反映在他于1849 年 2 月 27 日和 7 月 25 日写给巴黎总部的两封信中。

---

32 A. M. E., vol.556, M. Renou aux directeurs des M.E.P., le 27 février 1849, p.28.
33 A. M. E., vol.556, M. Renou aux directeurs des M.E.P., le 25 juillet 1849, pp.48-49.
34 A. M. E., vol.556, M. Renou aux directeurs des M.E.P., le 27 février 1849, p.28.
35 A. M. E., vol.556, M. Renou aux directeurs des M.E.P., le 27 février 1849, p.28.

在 1849 年 2 月 27 日的信中，罗勒拿首先表达了他对经由印度阿萨姆进藏路线的一系列担忧："道路首先就是一大困难，又能到哪里找到安全的、在路途中不会抢劫咱们的信使呢？如果走阿萨姆邦的路，就必须在十分野蛮的部落中穿行。……在进入（中国）西藏之前，传教士将被迫居住在其他陌生的宗座代牧区（指英国籍主教卡若和奥利弗管辖的孟加拉宗座代牧区——译者），……到达西藏后，就算（传教士）能够立足，他将在和你们取得联系方面遇到哪些困难？然后他到哪里去呢？去拉萨？在那里立足的困难将会比过去更大。如果他被捕了，还是会经由四川被遣返，那些所谓的（经由四川进藏的）困难，……不会因此而避免。"[36]同时罗勒拿认为，不丹也无法提供像川滇两省那样进藏的有利条件。他说："李博先生对我讲了你们告知他的那个计划，即从不丹尝试（进藏），请允许我今天就这一问题表达我的几点看法，我认为对于我会传教士们最有利的路、最合适的路是经由中国的四川和云南，在不丹（不仅）无法找到这两个省能提供的优势，还会遇到由中国（内地进藏的）所有困难。"[37]紧接着，罗勒拿主要从交通及语言两个方面分析了由不丹进藏存在的困难。他认为从不丹走陆路前往西藏非常危险："同西藏东部四川和云南的山脉相比，……必须要翻越的、将不丹和西藏分隔开来的山脉要高得多、冷得多、危险得多，翻越（山脉）是那么地危险，根据可靠的信息，有一些（翻山的）当地人死于寒冷，即使是在七八月份……。"[38]紧接着，罗勒拿还否定了走水路从不丹前往西藏的可能性："根本不要想靠船来旅行，因为那里的河流根本不能通航，或者即使在极少数地方可以（通航），你们也只能找到一些小牛皮船，每时每刻都有翻船的危险。"[39]同时，罗勒拿特别强调，他提供的这些是"可靠消息"，来自于他所遇见的一些去过中国—不丹边境的汉人以及一些不丹人。[40]此外，罗勒拿称从他读过的好几本谈论不丹的汉文资料中得知，除了交通上存在的极大困难，不丹人的语言和宗教信仰也不利于传教士进藏活动的开展："他（指传教士——译者）在不丹学习的语言对他将是毫无用处的，因为她（不丹的语言——译者）与藏语有着本质的区别。……至于不丹本身，我认为对福音传播存在较大困难，当地人，是穆斯林……。"[41]

36 A. M. E., vol.556, M. Renou aux directeurs des M.E.P., le 27 février 1849, p.27.
37 A. M. E., vol.556, M. Renou aux directeurs des M.E.P., le 27 février 1849, p.27.
38 A. M. E., vol.556, M. Renou aux directeurs des M.E.P., le 27 février 1849, p.27.
39 A. M. E., vol.556, M. Renou aux directeurs des M.E.P., le 27 février 1849, p.27.
40 A. M. E., vol.556, M. Renou aux directeurs des M.E.P., le 27 février 1849, p.27.
41 A. M. E., vol.556, M. Renou aux directeurs des M.E.P., le 27 février 1849, p.27.

1849 年 7 月 25 日，罗勒拿再次给巴黎总部写信，再次从语言和宗教习俗两方面分析了不丹对于进藏传教的不利条件："你们……告诉我不丹完全有理由成为西藏传教会的一部分，……这一尝试（指从不丹进藏的尝试——译者）在目前可能不是谨慎之举，我在巴塘时，正值 1847 年不丹大使前往北京向（中国）皇帝例行五年一次的朝贡而路过，……他们一行 70 多人，只有一两个翻译能听得懂藏语。一位不丹金银匠师，我在察木多遇到的，会藏语，告诉我他们国家的语言与西藏的语言相去甚远，他给我读了几个词就足以使我相信（这一点）。我看了他们的字迹，的确与通用的藏语不同……如果不丹人不是伊斯兰教徒，至少前往北京的那些人证实，他们有许多伊斯兰教的习俗，他们根本不吃猪肉和猪油……。"[42]在 7 月 25 日这封信的结尾，罗勒拿再次恳请巴黎总部不要放弃从中国内地之川滇进藏路线，他说："先生们，如果允许我向你们表达我的看法，我将对你们说，不应该以任何借口放弃西藏东部的（进藏道）路，要经由四川和云南（前往西藏拉萨）。……如果四川（传教会）愿意让出上南道，这一侧的一切（进藏条件）都将堪称完美。"[43]

罗勒拿力陈由南亚之印度和不丹进藏的种种不便，虽不乏理据，却也难免夸大其词。以不丹为例，它与中国西藏毗邻，公元 8 世纪时曾为吐蕃的一个部落，毋庸置疑不丹的语言、文化及宗教习俗均深受中国西藏的影响，绝非像罗勒拿所说的那样"相去甚远"。他之所以如此夸大由印度、不丹进藏的种种不便，主要是希望巴黎外方传教会不要放弃中国内地之四川和云南的进藏路线。

第二节　巴黎总部兼顾中国内地进藏活动并调整进藏策略

一、巴黎外方传教会对罗勒拿进藏路线建议的回应

针对罗勒拿上述关于进藏路线的建议，巴黎总部分别于 1849 年 3 月 17 日、5 月 21 日、10 月 22 日及 11 月 23 日写信予以回应。

（一）对罗勒拿观点的反驳

对于罗勒拿对由印度阿萨姆邦进藏路线的否定，尚不见有史料明确记载

42　A. M. E., vol.556, M. Renou aux directeurs des M.E.P., le 25 juillet 1849, p.47.

43　A. M. E., vol.556, M. Renou aux directeurs des M.E.P., le 25 juillet 1849, p.47.

巴黎总部的态度，对于罗勒拿认为不丹的交通、语言和宗教不利于传教士进藏活动的观点，巴黎总部于 1849 年 5 月 21 日回信予以反驳："在 2 月 27 日的来信当中，您据您所获得的信息，试图让我们明白从不丹进入（中国）西藏几无可能性，这些信息主要来自汉人，（他们生性）喜欢夸张，可能不值得您那么相信。比如，您对我们说，不丹人是穆斯林，他们的语言同藏语完全不同；可是，我们眼前就有一位英国人写的一本游记，里面清楚地说明，不丹人的语言和宗教同西藏人的相同。这位旅行家曾经从不丹到达西藏，因此我们（经由不丹前往中国西藏）的计划也不是不可能成功。"[44]法国学者劳航·德载判断，巴黎长上们口中所说的这本英国人的游记，是 1800 年由法国巴黎布松（Buisson）出版社出版的《西藏和不丹的使臣》（Ambassade du Thibet et du Boutan）一书，作者是曾于 1783 年经由不丹前往中国西藏日喀则扎什伦布寺会见六世班禅的英国人萨穆埃尔·武涅（Samuel Turner）。[45]在巴黎总部看来，这位英国人经由不丹进入西藏的成功案例，使罗勒拿对这条进藏路线的否定说辞并不成立。巴黎的长上们还认为，退一步来说，即使不能从不丹进入西藏，依然有必要将这一地区争取到巴黎外方西藏传教会的教务管辖范围之内："如果（中国）西藏和不丹之间不能通行，这一广阔区域（指不丹——译者）的福音传播就不能由从中国内地进入西藏的传教士们完成。我们（经由不丹进入中国西藏传教）的计划规避了这一不便，又丝毫不会损害有可能在四川和云南开展的进藏尝试活动。三支箭对准一个靶子总比一支箭要好。祈求上帝去除所有的（进藏传教）障碍，向我们指明要走的那条路吧！"[46]由此可见，外方传教会巴黎总部并不信服罗勒拿对印度、不丹等地进藏路线的负面评价，也不会因此停止筹谋从南亚方向尝试进藏传教的计划。不过，巴黎总部也就此向罗勒拿传递了一个可以使他略微安心的信息：其他进藏线路的开辟并不会影响经由川滇两省进藏尝试活动的开展。

（二）对罗勒拿的安抚和安排

　　1849 年前后，罗勒拿写信给巴黎长上们建议不要放弃中国内地之进藏路线的同时，也表达了他本人对返回西藏的渴望。罗勒拿在 1849 年 1 月 28 日

---

44 A. M. E., vol.64, les directeurs des M.E.P. à M. Renou , le 21 mai 1849, p.51.

45 Laurent Deshayes, *tibet（1846-1952）——Les missionnaires de l'impossible,* Paris: Les Indes Savantes, 2008, p.42.

46 A. M. E., vol.64, les directeurs des M.E.P. à M. Renou, le 21 mai 1849, p.51.

的信中说："正如你们所看到的，以这封信的日期为准，我在（香港）总务处滞留已经很长时间了……李博先生建议我在广州或者广西工作，我乐见其成，因为这里也需要管理，然而，我将等待你们的决定，是否将我看成是这个新的传教会（指西藏传教会——译者）的一员。很明确我心向西藏……"。[47]同年7月25日信中，罗勒拿再次向巴黎的长上们表达了他前往西藏的强烈意愿："我迟迟，先生们，没有收到你们让我返回（西藏）那冰雪山峰的指令，去年我是那么痛苦地离开（西藏）。我一直，如你们所见，待在香港的总务处，我不知道何时才能离开。"[48]

巴黎总部及时回复罗勒拿，并对他的新工作做出初步安排。这主要反映在1849年3月17日、10月22日及11月23日的三封信当中。1849年3月17日的回信中，巴黎长上们告知罗勒拿总部关于进藏路线筹谋的新进展："您（1848年）12月28日的来信随上一个邮包已经到达……我们正在等待奥利弗主教的回复，我们向他请求在阿萨姆给予我们一个落脚点，（据说）从那里经由布拉马普特拉河到达（中国西藏）拉萨的交通很便捷。如果阁下他（指奥利弗主教——译者）同意我们的请求，我们将派遣两三位同仁前往阿萨姆。"[49]同时，巴黎长上安抚罗勒拿说："这（指由印进藏——译者）不会妨碍在四川和云南的其他（进藏尝试活动）。"[50]但是，他们暂时尚不能确定罗勒拿是否可以参与其中："我们之后会告知您是否能参与这些远征活动（指进藏活动——译者）之一。目前，我们的意向，如同李博先生的一样，是让您在广东或者广西传教会工作，在那里您能有用武之地。"[51]10月22日的回信中，巴黎长上继续安抚罗勒拿说："您7月25日的来信充满了对我们亲爱的西藏传教会宝贵的详细情况及关心。不要有任何担心我们会放弃从四川和云南一侧重启这一（进藏传教）任务。"[52]同时仍然表示，他们既不能确定再次从中国内地开展进藏活动的时间，也不能确定罗勒拿是否能参与其中；不过，他们呼吁罗勒拿一起祈求上帝为西藏传教会"消除（进藏）路途中的障碍"，并给予执行进藏任务的传教士"真正使徒的传教热忱以及谨慎"。[53]这实际上是在暗示罗勒拿，

---

47 A. M. E., vol.556, M. Renou aux directeurs des M.E.P., le 28 janvier 1849, p.26.
48 A. M. E., vol.556, M. Renou aux directeurs des M.E.P., le 25 juillet 1849, p.47.
49 A. M. E., vol.556A, les directeurs des M.E.P. à M. Renou, 17 mars 1849, p.113.
50 A. M. E., vol.556A, les directeurs des M.E.P. à M. Renou, 17 mars 1849, pp.113-114.
51 A. M. E., vol.556A, les directeurs des M.E.P. à M. Renou, 17 mars 1849, p.114.
52 A. M. E., vol.556A, les directeurs des M.E.P. à M. Renou, 22 octobre 1849, p.133.
53 A. M. E., vol.556A, les directeurs des M.E.P. à M. Renou, 22 octobre 1849, p.133.

希望他能改掉传教热忱有余而谨慎不足的缺点。大约一个月之后的 11 月 23
日，巴黎长上们再次写信给罗勒拿，在坚持让他暂时留在广东工作的同时，暗
示之后有可能会让他参与之后中国内地的进藏尝试活动："亲爱的同仁，不要
对四川的事务有任何忧虑，……现在事务的安排情况是，您在广东传教会工作
的同时，不要放弃对西藏的（归化）热忱……。"[54]

　　经过对再次进藏路线的谋划，尤其是经过与罗勒拿神父的探讨，巴黎外方
传教会基本上确定了从中国内地及南亚两个方向再次开展进藏活动的新方
案。

二、调整进藏策略

　　经过对再次进藏路线的筹谋和探讨，巴黎总部最终确定了从中国内地及
南亚两个方向再次尝试进藏的计划。但是，之前清廷将遣使会传教士古伯察和
秦噶哔从拉萨逮捕并驱逐，特别是本会传教士罗勒拿前往拉萨的进藏活动也
遭遇了同样的失败，这让巴黎总部开始意识到，当时从中国内地进藏不可能直
接前往西藏首府拉萨，因此必须就进藏活动作出策略上的调整。

　　1851 年 8 月 31 日，巴黎外方传教会的长上们委托当时在罗马的本会神父
勒格雷鲁瓦（Legrégeois）向教皇请求赋予西藏传教会传教士们一些"权力"，
以便他们能从中国内地开展进藏活动。信中，勒格雷鲁瓦首先代表巴黎外方传
教会表达了该会从中国内地再次尝试进藏的意愿："巴朗（Barran）先生，外方
传教会神修院的长上，于 8 月 21 日写信给我说，他以及他的同仁们的强烈愿
望是，就交给我会的西藏（教务）做一次（进藏）尝试，经由中国（内地），
如同我们在阿萨姆邦所做的那样。这位亲爱的同仁因此委托我，请求圣座愿意
给予他一些权力，以便他将之授予指定来开展这一事业（指中国内地的进藏活
动——译者）的（本会）传教士们。"[55]巴黎外方传教会长上们向教皇请求给予
西藏传教会传教士们的这些"传教权力"，即为"在汉藏交界地区开展传教活
动"的权力。因为，勒格雷鲁瓦请求教皇注意："严格意义上的（中国）西藏
被一座巨大的山脉与汉地分割开来，（山脉这边）广阔的（藏族）区域，没有
接受福音教化的，形成好几个土司，一些属于汉地（的四川和云南），一些属
于西藏。她们（指土司——译者）一些自然应该属于拉萨宗座代牧区，其他一

---

54 A. M. E., vol.556A, les directeurs des M.E.P. à M. Renou, 23 novembre 1849, p.135.
55 A. M. E., vol.256, M. Legrégeois au Saint-Père, le 31 août 1851. In A. Launay, *Histoire
   de la mission du Thibet.*, tome 1, Paris: Les Indes Savantes, 2001, p.104.

些当属于四川和云南代牧区。"[56]他说："经由中国（内地）开展西藏传教会活动的传教士们可以在上述所有土司辖地内传教，我认为这是适宜的，我知道这也是同仁们的意愿。"[57]之所以为西藏传教会的传教士们谋求在西藏之外汉藏交界区域开展传教活动的权力，是因为巴黎总部已经决定就中国内地的进藏活动做出策略调整，放弃最初设定的"直接前往西藏首府拉萨传教"的目标，首先在西藏边缘地带形成一些传教堂口"作为他们（西藏传教会的传教士们——译者）将来有一天到达拉萨的阶梯"。[58]巴黎总部做出策略调整的最根本的动因是："审慎不允许他们（传教士们——译者）首先就前往西藏的首府（拉萨），以避免重蹈古伯察和秦噶哔的厄运。"[59]对于接下来即将开展的所有进藏活动，这一策略调整将起到重要的指导作用。信中，勒格雷鲁瓦还向教皇解释了他们直接向罗马教廷请求赋予这些权力的原因："我们也愿意向我们四川、云南的主教们请求给予在上述属于汉地（管辖）的土司辖地内传教的权力，但是，不仅我们不知道这些主教的（教务）管辖是否延伸到那里，我们可能还要担心来自马格祖拉主教（即马伯乐——译者）的拒绝……我们因此请求圣座，在西藏（传教）权力基础上，给予（西藏传教会的传教士们）在上述土司辖地内传教所必须的权力。"[60]这从侧面再次反映出四川代牧主教马伯乐对重返中国西藏传教计划的反对态度。

小　结

　　1848 年，首位进藏传教士罗勒拿在察木多被捕，巴黎外方西藏传教会经由川藏线前往西藏拉萨的首次进藏尝试活动以失败告终。此次失败印证了之前四川主教马伯乐关于"由川入藏不可能性"的相关分析和预见。在此背景下，诸多因素促使外方传教会巴黎总部开始考虑从南亚之印度、不丹等地另外开

---

56 A. M. E., vol.256, M. Legrégeois au Saint-Père, le 31 août 1851. In A. Launay, *Histoire de la mission du Thibet.*, tome 1, Paris: Les Indes Savantes, 2001, p.104.

57 A. M. E., vol.256, M. Legrégeois au Saint-Père, le 31 août 1851. In A. Launay, *Histoire de la mission du Thibet.*, tome 1, Paris: Les Indes Savantes, 2001, p.104.

58 A. M. E., vol.256, M. Legrégeois au Saint-Père, le 31 août 1851. In A. Launay, *Histoire de la mission du Thibet.*, tome 1, Paris: Les Indes Savantes, 2001, p.104.

59 A. M. E., vol.256, M. Legrégeois au Saint-Père, le 31 août 1851. In A. Launay, *Histoire de la mission du Thibet.*, tome 1, Paris: Les Indes Savantes, 2001, p.104.

60 A. M. E., vol.256, M. Legrégeois au Saint-Père, le 31 août 1851. In A. Launay, *Histoire de la mission du Thibet.*, tome 1, Paris: Les Indes Savantes, 2001, p.104.

辟进藏路线。担心巴黎总部会放弃经由中国内地川滇两省的进藏计划，罗勒拿数次写信给巴黎的长上，恳请他们不要放弃从中国内地前往西藏拉萨的"优质"进藏路线，同时积极为再次开启进藏尝试活动献计献策。经过多方探讨及全面考量，巴黎总部决定从喜马拉雅山脉南麓和中国内地两个方向开展进藏活动，同时调整进藏策略，决定让传教士们先立足于西藏边缘地带建堂传教，再步步为营前往西藏首府拉萨活动。值得注意的是，此次进藏策略的调整暂时只是发生在巴黎总部层面，巴黎外方西藏传教会的传教士们对这一调整后的策略的领会和贯彻并不是一蹴而就的，而是需要经历一个较为漫长的过程。

第五章　喜马拉雅山脉南麓方向的进藏活动

　　巴黎外方传教会总部提出了关于将印度阿萨姆邦划归西藏传教会的请求，印度孟加拉宗座代牧主教卡若很快予以积极回应，罗马教廷也在之后不久便对此项请求予以批准。巴黎总部从法国精心挑选并悉心培训了三位传教士，派遣他们前往印度以开启该会喜马拉雅山脉南麓方向的进藏活动。此次南亚方向的进藏活动即将遭到来自中国西藏及喜马拉雅山脉南麓诸山国官民的强烈敌视和阻击。

第一节　进藏前的准备

一、印度阿萨姆邦及不丹教务划归拉萨宗座代牧区

　　1848 年 12 月 21 日，巴黎外方传教会的长上们写信给孟加拉宗座代牧副主教奥利弗，向其表达了希望该代牧区同意巴黎外方西藏传教会在印度阿萨姆邦拥有一个落脚点的意愿。奥利弗当时因返回欧洲而不在印度，所以收悉巴黎外方传教会这封恳切请求信的是孟加拉宗座代牧区代牧主教卡若（Carew）。后者于 1849 年 5 月 17 日在加尔各答给巴黎外方传教会的长上们写了一封热情洋溢的回信，不仅没有拒绝他们在阿萨姆拥有一个落脚点的请求，甚至建议将整个阿萨姆邦划归拉萨宗座代牧区："我非常赞同贵会为在拉萨创建天主教传教会而采取的谨慎措施，我强烈建议你们将传教会的主要机构设立在阿萨

姆邦，并且将整个邦完全置于拉萨宗座代牧区的管理之下。"[1]卡若主教认为，拥有整个阿萨姆邦对巴黎外方传教会存在种种好处：首先在教难发生时，巴黎外方传教会在中国西藏的传教士们可以在英国人的地盘上拥有一个便捷安全的避难所；其次，阿萨姆邦的官民很期待天主教传教士们的到来，他说："阿萨姆邦当今政府官员金肯斯（Jenkins）少校不久前刚刚向我表示过，他迫切希望在阿萨姆能有一个（天主教）神父；这里（阿萨姆——译者）的年轻王公（的身体）由我的一位爱尔兰新教医生朋友照料，他（医生——译者）一直非常希望能与一位受过良好教育的天主教神父合作；在阿萨姆邦还有一个贵族新教家庭，这家的女儿在当地的一家修道院长大，她非常希望皈依天主教，因此，可以寄希望于来自这个家庭的良多善举；在阿萨姆周边原本就有一些天主教徒，他们将非常高兴看到（天主教）传教会在此立足……赫德森（Hodson）先生，上一任尼泊尔驻扎官，曾以其极大的影响力找到了属于西藏早期传教士们的书并将之寄送给了教皇庇九世（Pie IX），他与我一直保持书信往来，他会应我请求向新来的传教士们提供他权限范围之内能够提供的所有服务……"。[2]此外，卡若主教还告知巴黎外方传教会的长上，加尔各答与阿萨姆之间的交通常年由一艘蒸汽船予以保证，这样的话，以很少的花费便可以将各种救援物资及信件寄送至阿萨姆，从那里再送到拉萨。[3]最后，卡若主教表达了他对巴黎外方西藏传教会传教士们的欢迎："如果他们（即巴黎外方西藏传教会的传教士们——译者）经过加尔各答，能到我这里暂住，我将不胜荣幸……"[4]

尽管孟加拉宗座代牧主教卡若与巴黎外方传教会的长上们在阿萨姆邦归属问题上意愿一致，但是，只有罗马教廷对此具有最终裁决权。为此，卡若主教写信给罗马教廷，请求批准将阿萨姆邦划归西藏传教会；在得到罗马教皇的正式批准之前，教廷传信部曾于 1849 年 10 月 20 日写信给卡若主教，鼓励其赋予巴黎外方传教会派往阿萨姆的传教士们临时管理该邦教务的权力。[5]1850 年 2 月 16 日，教皇庇九世签署谕令，正式批准将原属孟加拉宗座代牧区的阿萨姆邦划归拉萨宗座代牧区："在征求孟加拉教区主教们的意见后，出于对天主教会利益的考虑，我们认为……应该将阿萨姆邦划归拉萨宗座代牧区。因此，……我们

1　A. M. E., vol.556, Mgr. Carew aux directeurs du Séminaire des M.E.P., le 17 mai 1849, p.31.
2　A. M. E., vol.556, Mgr. Carew aux directeurs du Séminaire des M.E.P., le 17 mai 1849, p.32.
3　A. M. E., vol.556, Mgr. Carew aux directeurs du Séminaire des M.E.P., le 17 mai 1849, pp.32-33.
4　A. M. E., vol.556, Mgr. Carew aux directeurs du Séminaire des M.E.P., le 17 mai 1849, p.33
5　A. Launay. *Histoire de la mission du Thibe,* tome 1, Paris: Les Indes Savantes, 2001, p.100.

将阿萨姆邦从孟加拉传教会分离出来，将之归入拉萨宗座代牧区。"[6]

上述史料较为详细地记述了阿萨姆邦划归拉萨宗座代牧区的过程和时间，只是尚未见有史料记述不丹的情况。不过，巴黎总部曾经在一封写给罗勒拿的信中透露，不丹已经被划归拉萨宗座代牧区。巴黎的长上们在这封信中告知罗勒拿，即使不丹和中国西藏之间道路不通，在阿萨姆的传教士们也可以进入"毗邻并属于拉萨传教会一部分的不丹（ils pourront s'introduire dans le Boutan qui est limitrophe et fait partie de la mission de Lassa.——原文）"开展传教活动。[7]

自此，阿萨姆邦和不丹被正式划归拉萨宗座代牧区，巴黎外方西藏传教会在中国西藏南部近藏地带拥有了开展进藏活动准备的落脚点。

二、人事准备

在 1849 年 3 月 17 日写给罗勒拿的信中，巴黎外方传教会就已经透露出要开展由印进藏活动人事准备工作的意向，表示如果奥利弗主教答应在阿萨姆为西藏传教会的传教士们提供落脚点的话，就会派两到三位传教士前往阿萨姆。[8]1849 年 10 月 22 日，巴黎总部写信告诉罗勒拿，他们即将派往印度阿萨姆的三位传教士正在法国接受语言和医学等方面的培训。[9]也就是说，在 1850 年 2 月 16 日罗马教廷正式谕令阿萨姆邦划归西藏传教会之前，巴黎外方传教会就已经"提前"展开由印进藏活动的人事准备工作。前文述及，孟加拉宗座代牧卡若对让出阿萨姆邦给巴黎外方传教会持非常积极态度，罗马教廷传信部也于 1849 年 10 月 20 日写信给卡若主教，鼓励他赋予巴黎外方传教会传教士们临时管理该邦教务的权力。这说明西藏传教会拥有阿萨姆邦只是一个时间问题，也是导致巴黎总部提前开展由印进藏活动之人事准备工作的重要原因。

（一）精心挑选进藏传教士

由印度、不丹等地尝试进藏之计划确立之后，巴黎外方传教会决定直接从法国派遣传教士前往印度阿萨姆邦，三位传教士最终被选定，他们分别是拉班

6　A. M. E., vol.271, p.540. In A. Launay. *Histoire de la mission du Thibet,* tome 1, Paris: Les Indes Savantes, 2001, p.101.

7　A. M. E., vol.556A, les directeurs des M.E.P. à M. Renou, le 21 mai 1849, p.122.

8　A. M. E., vol.556A, les directeurs des M.E.P. à M. Renou , le 17 mars 1849, pp.113-114.

9　A. M. E., vol.556A, les directeurs des M.E.P. à M. Renou , le 22 octobre 1849, p.133.

（Rabin）、克里克（Krick）及贝尔纳（Bernard）。拉班，1819 年出生于法国下卢瓦尔省的班尼塞（Pannecé de Loire-Inférieure），1844 年 12 月 21 日晋铎，曾在中学任教师及校长，1849 年 1 月 22 日加入巴黎外方传教会，之前曾任马仕库尔（Machecoul）代牧主教。[10]克里克，1819 年出生于法国摩特省的利克塞姆（Lixheim de Meurthe），1844 年 6 月 1 日晋铎，1848 年 10 月 28 日加入巴黎外方传教会，之前曾任日尔贝威尔（Gerbéviller）及帕尔斯堡（Phalsbourg）代牧主教。[11]贝尔纳，1821 年 12 月 24 日出生于法国蒙吕克省的圣艾迪安（Saint-Etienne de Montluc），1848 年 9 月 14 日加入巴黎外方传教会之际已经是助祭教士（diacre），同年 12 月 23 日晋铎。[12]从年龄来看，这三位传教士均为青壮年，其中拉班和克里克同龄，均为 30 岁，贝尔纳 27 岁；从履历来看，他们在加入巴黎外方传教会之前都已经有过从事教会活动的经历，其中，拉班和克里克更是担任过代牧主教。可以说，巴黎外方传教会精心挑选了三位年富力强的传教士，以将之派往印度和不丹开展新的进藏活动。

（二）悉心培训进藏传教士

离开法国之前，巴黎外方传教会对这三位新当选的西藏传教会传教士分别进行了专门的语言和医学技能培训。他们被安排前往东方语言学校（l'Ecole des Langues orientales vivantes）跟随爱德华·福珂（Edouard Foucaux）[13]老师学习藏语；教授他们医学技能的则是巴黎奈克（Necker）医院的两位外科医生勒努瓦尔（Lenoir）及布斯盖（Bousquet）。[14]

明清时期在华传教成绩斐然的耶稣会十分推崇传教士对天文、地理等科学知识的掌握。后来，一定程度上掌握语言、医学技能及天文、地理等科学知识以帮助传教，这几乎已经成为所有前往海外活动的欧洲传教士们的共识。而巴黎外方传教会则对即将前往印度和不丹的三位传教士重点进行了语言和医学技能培训，其中罗勒拿所起到的影响作用不容忽视。1847 年开启首次进藏活动之前以及 1849 年滞留香港之际，罗勒拿均曾向巴黎总部多次

---

10 Notice bibliographique de Rabin, Archives des missionnaires des M.E.P., N.594.

11 Notice bibliographique de Krick, Archives des missionnaires des M.E.P., N.595.

12 Notice bibliographique de Bernard, Archives des missionnaires des M.E.P., N.596.

13 菲利普·爱德华·福珂（Philippe-Édouard Foucaux），1811 年 9 月 15 日出生于法国昂热（Angers），于 1894 年 5 月 20 日逝世于巴黎，是第一本法文藏语语法书的作者，因此被誉为法国藏学家第一人。

14 A. Launay, *Histoire de la Mission du Thibet,* tome 1, les Indes savantes, 2001, p.101.

写信强调来藏传教士们藏语学习的重要性,声称掌握藏语是向藏民传教成功的必须手段。[15]除此之外,罗勒拿结合当时藏区天花肆虐这一特别情况,认为来藏传教士很有必要掌握疫苗接种技能;同时,他还建议对这三位传教士进行诸如创伤口包扎等之类的医学技能培训。他在 1849 年 7 月 25 日写给巴黎长上们的一封信中写道:"在整个西藏,有一种疾病使当地人恐慌,如同我们害怕霍乱一样,这就是天花(la petite vérole)……(在西藏——译者)痘苗不为人们所知,我同好几位土著人首领讲过它(痘苗——译者),所有的人都渴望有人带给他们这一珍贵的技法……如果你们派往阿萨姆进藏的传教士们能熟练地接种痘苗,可以肯定他们将到处受到朋友般的欢迎和接待……巴黎应该很容易学习所有关于接种痘苗的,它的来源及获取方法,它的保存,它的应用……这一接近藏民的方法在你们看来微不足道,但是传教士们应该利用一切能够利用的方法,无论大小。一些治疗创口、伤口的知识应该也会非常有用。这些小救助将在本就慷慨的藏民心中产生大效果。那些天文、物理的科学知识的作用要小得多。"[16]由此可见,罗勒拿认为,如果来藏传教士们掌握了这些医学技能并借此为藏民提供相关的医疗服务,他们会在很大程度上赢得藏民的欢迎并被接受,从而得以顺利传教;相比之下,罗勒拿认为那些天文、物理等科学知识对藏区传教活动的帮助要小得多。这说明,罗勒拿本人认为藏区民众当时对文化科学知识的需求并不显著。罗勒拿的上述看法并不一定十分全面,但是却对巴黎外方传教会进藏传教活动的部署起到了一定的指导作用,巴黎总部基本上采纳了罗勒拿的建议,在 1849 年 10 月 22 日写给罗勒拿的回信中说:"三位我们派往阿萨姆和不丹的传教士正在学习英语和藏语,之后他们还要在此基础上学习梵语。您的来信使我们下决心让他们去学习如何接种疫苗"。[17]

1849 年 12 月 23 日,经过培训的三位巴黎外方传教会传教士拉班、克里克和贝尔纳离开法国前往印度,以在之后开展经由青藏高原南麓的进藏尝试活动。

---

15 参见 A. Launay, *Histoire de la Mission du Thibet,* tome 1, les Indes savantes, 2001, p.74; A. M. E., vol.556, Renou aux directeurs du Séminaire des M.E.P., le 29 août 1849, p.53.
16 A. M. E., vol.556, Renou aux directeurs du Séminaire des M.E.P., le 25 juillet 1849, p.49.
17 A. M. E., vol.556A, lettre des directeurs du Séminaire des M.E.P. à M. Renou, le 22 octobre 1849, p.133.

第二节　到达印度及拉班主导的两次不丹进藏活动

一、到达印度

（一）到达印度马德拉斯

经过 4 个多月的海上航行，巴黎外方西藏传教会的三位传教士拉班、克里克和贝尔纳于 1850 年 4 月 26 日到达印度马德拉斯（Madras，今金奈）。17 世纪起，伴随英国东印度公司的发展，位于印度半岛东南部的马德拉斯也从一个小渔村日益发展成印度南部的政治、经济、贸易及交通中心之一。在马德拉斯这座陌生的英国人的城市里，初来乍到的拉班一行感觉到些许彷徨："到达马德拉斯，没有推荐信，没有认识的人，甚至不清楚这里是否有代牧主教及其姓甚名谁……我们有点疲劳，血液燥热……。"[18]

在马德拉斯上岸后，巴黎外方传教会传教士们得知当地的天主教教务由一位名叫埗利（Feuilly）的英籍主教主持，他们便前往拜访了这位主教。拉班在 1850 年 6 月 1 日写给巴黎长上们的信中称，埗利主教热情地接待了他们，表达了对"新的西藏传教会极大的兴趣（tout l'intérêt qu'elle prenait à la nouvelle mission du Thibet）"。[19] 而在这之前，三位法国巴黎外方传教会传教士即将经过马德拉斯前往加尔各答的消息已经在该城的天主教界传播开来。巴黎外方传教会的长上曾于同年 2 月份给卡若主教写过一封信，以告知对方该会的三位传教士即将经由马德拉斯前往加尔各答；卡若主教将这封信翻译成英文并将之刊登在了当地的《孟加拉天主教信使报》（le Bengale Catholique Herald）上；正是通过该报纸上刊登的这篇文章，马德拉斯的天主教界得知了巴黎外方传教会传教士们即将到达马德拉斯的消息。[20] 埗利主教将刊载那封信的报纸拿给巴黎的三位传教士看，同时希望在他们乘坐的瓦尔斯—喀斯特号（Walrnes Castte）船舶停靠马德拉斯期间一直留宿他们；这让拉班一行有机会结识了一些当地人，还受到了居住于当地的法国人的欢迎。[21]

（二）加尔各答天主教界对传教士们的欢迎

但是，马德拉斯毕竟不是三位传教士们的最终目的地，两个星期后，他们

18　A. M. E., vol.556, M. Rabin aux supérieurs des M.E.P., le 1er juin 1850, p.72.
19　A. M. E., vol.556, M. Rabin aux supérieurs des M.E.P., le 1er juin 1850, p.72.
20　A. M. E., vol.556, M. Rabin aux supérieurs des M.E.P., le 1er juin 1850, p.72.
21　A. M. E., vol.556, M. Rabin aux supérieurs des M.E.P., le 1er juin 1850, p.72.

离开马德拉斯，于 5 月 16 日到达加尔各答。孟加拉宗座代牧卡若（Carew）主教的主教府就设在加尔各答，他热情接待了拉班一行，不仅派汽车以及手下的两位神父前往码头接迎，还组织当地的教徒欢迎他们；传教士们待在加尔各答期间，卡若安排他们住在当地的一所学校，亲自带领他们四处参观；拉班在写给巴黎长上们的信中将主教的热情比作"父亲般的慈爱和温情"，称主教对他们的友好"无人能比"。[22]

　　巴黎外方西藏传教会三位传教士们的到来在加尔各答天主教界引起了更大的轰动。1850 年 5 月 20 日，《孟加拉天主教信使报》专门刊登名为《前往阿萨姆、西藏的天主教传教士们的到来》（*Arrivée des missionnaires catholiques pour Assam et Thibet*）的文章，对拉班一行的到来给予高度评价，称他们是前来重启西藏教务的"伟大团队"，是"真正使徒意义上的传教士"（missionnaires vraiment apostoliques）："我们非常高兴地宣布乘坐瓦尔斯—喀斯特号的三位属于巴黎外方传教会的天主教神父们的到来，（他们是）重启拉萨天主教会的伟大团队（la grande entreprise），（拉萨的天主教会）约 150 年前[23]因为迫教而被关闭，后被圣座交由这些真正使徒意义上的传教士们（重启）。"[24]该篇文章还说，这些前往阿萨姆和西藏的传教士们，他们的旅途花费由培养他们成为传教使徒的巴黎外方传教会承担，认为"非常正确、非常合理"的是，应该就此感激巴黎外方传教会，所以号召加尔各答天主教界为这些传教士们做些募捐，以鼓励他们重返西藏传教："他们来到我们中间……充满了对天主的信心，（这一信心）也会来到大家心中……出于善心为他们提供必需的体面的衣物和食物……以完成这一被幸运开启的事业（指西藏传教事业——译者）。"[25]卡若主教不仅引领加尔各答的天主教人士支持巴黎外方传教会的三位传教士，还积极地将他们介绍给了居住在加尔各答的英国人和法国人，以至于传教士们每天都在奔忙于参观和拜访之中。[26]拉班在写给长上的信中称，卡若主教阁下对西藏传教会及其传教士们表现出了"最大的关心和热忱"。[27]

22　A. M. E., vol.556, M. Rabin aux supérieurs des M.E.P., le 1er juin 1850, p.74.

23　嘉布遣修会传教士于 1745 年撤离拉萨结束在藏传教活动，距 19 世纪中叶巴黎外方传教会计划前往拉萨重启西藏教务约 100 年左右。因此这可能是由于卡若主教对早期传教士进藏活动史的时间起止不了解而造成的一种错误的说法。

24　A. M. E., vol.556, M. Rabin aux supérieurs des M.E.P., le 1er juin 1850, p.78.

25　A. M. E., vol.556, M. Rabin aux supérieurs des M.E.P., le 1er juin 1850, p.78.

26　A. M. E., vol.556, M. Rabin aux supérieurs des M.E.P., le 1er juin 1850, p.79.

27　A. M. E., vol.556, M. Rabin aux supérieurs des M.E.P., le 1er juin 1850, p.79.

（三）孟加拉宗座代牧主教卡若为西藏传教会搜集的"进藏"信息

考虑到巴黎外方传教会三位传教士此番来印度的主要目的是前往阿萨姆并从那里前往中国西藏，在传教士们到达加尔各答之前，卡若主教就给数位教内外人士写信，请求他们为这些法国传教士们提供关于"进藏"的信息和帮助。通过卡若主教收到的几封回信，既可以看到巴黎外方西藏传教会在印度正日益受到关注，也可以透视传教士们之后的进藏活动可能会面临的困难。兹详述于下：

奥利弗

首先对卡若主教做出回应的是当时已经升任达卡（Dacca）宗座代牧主教的奥利弗。1850 年 5 月 9 日，奥利弗给卡若回信，称有一位天主教徒刚刚从本地治理（Pondéchiry）到达阿萨姆，这位教徒可以将自己掌握的所有相关信息都提供给即将到来的法国传教士们。[28]信中还提及卡若主教的一位朋友——科勒朗（Clelland）博士，言称他认识英国政府驻阿萨姆特使金肯斯；奥利弗认为可以通过科勒朗与金肯斯取得联系，从而请求后者为巴黎外方西藏传教会的传教士们在阿萨姆租到可以居住的房屋，这样就可以解决他们在到达阿萨姆之际所面临的首要困难；除此之外，奥利弗主教还建议传教士们能学一点儿英语，认为这对他们会非常有用。[29]在信件的末尾，奥利弗主教请卡若主教转告西藏传教会的传教士们，说他们可以乘坐汽船先来达卡，也可以直接前往阿萨姆的主要城市高哈蒂（Gowhatty）。[30]

科勒朗

事实上，卡若主教已经于1850 年 4 月 13 日写信给奥利弗提到那位科勒朗博士，希望对方就当时从印度阿萨姆邦北部及东部进藏的路线给出意见和建议，后者很快做出答复。经科勒朗分析，由阿萨姆进藏的形势不容乐观："我现在的意见是，想从阿萨姆到（中国）西藏，目前来看就是要置身于诸多危险当中，成功的几率非常小。"[31]紧接着，科勒朗对自己的这一观点进行了详细解释，称："（生活在）喜马拉雅山脉阿萨姆一侧的部落是雪域高原上最野蛮、最难降

28　Extrait d'une lettre de sa grandeur Mgr. Oliffe Vicaire apostolique de Dacca à sa grandeur Mgr. Carew Vicaire apostolique du Bengale. In A. M. E., vol.556, M. Rabin aux supérieurs des M.E.P., le 1er juin 1850, p.74.

29　A. M. E., vol.556, M. Rabin aux supérieurs des M.E.P., le 1er juin 1850, p.74.

30　Extrait d'une lettre de sa grandeur Mgr. Oliffe Vicaire apostolique de Dacca à sa grandeur Mgr. Carew Vicaire apostolique du Bengale. In A. M. E., vol.556, M. Rabin aux supérieurs, le 1er juin 1850, p.74.

31　A. M. E., vol.556, M. Rabin aux supérieurs des M.E.P., le 1er juin 1850, p.76.

服的部落，无论是哪一个政权（都不能降服他们）。不丹有一个政府，可是太过弱小而不能阻止（他们）持续增长的无政府主义。在东不丹（le Boutan de l'Est）……甚至没有一个政权能镇压野蛮的僜人（Michemis）、波尔人（Bors）、阿波尔人（Abors）等等。前不久，这些野蛮人杀死了波尔马楠（Bormanand），一位极具探险经验的（英国）旅行家，……因为他试图从这个地区进入（中国）西藏……。我认为，就如此之严重的凶杀案，金肯斯少校却不可能获得一个令人满意的解释并做出惩罚。总而言之，喜马拉雅山麓一直到锡金一带的部落是最难对付的……我建议您的朋友们在听取英国政府驻阿萨姆代表——金肯斯少校的意见之前，在任何情况下都不要前往他们（指喜马拉雅山麓一直到锡金一带的部落——译者）那里，我给他（指金肯斯少校——译者）写一封信附上，您转交给他们……"[32]由此可见，在科勒朗博士看来，进藏最大的危险首先来自居住在喜马拉雅山麓阿萨姆一侧的土著部落，称他们野蛮而凶残，威胁着进藏探险者们的生命，连英印政府对他们都无计可施。另外，科勒朗还从时政的角度，就从阿萨姆、不丹以外的锡金、尼泊尔进藏的不可能性作了分析。他认为："在锡金，民众没有那么野蛮，但是最近发生的一些政治事件非常有可能使任何通过锡金进入（中国）西藏的尝试失败。尼泊尔对于旅行者们同样危险，如同布鲁克（Brook）博士最近经历的那样，尽管他很有影响力……（总之，）没有任何人经由东部的路成功（进入中国西藏）。"[33]也就是说，巴黎外方传教会并非当时唯一打算经由由喜马拉雅山脉南麓的印度、不丹等地进入中国西藏的西方人，在他们之前，已有不少欧洲人从这一方向尝试进藏，但是均以失败告终。这些进藏尝试遭遇的阻力不尽相同，从印度阿萨姆和不丹方向进藏的阻力主要来自居住在喜马拉雅山脉南麓阿萨姆一侧的蛮族部落诸，如僜人、波尔人、阿波尔人等，从锡金开始，进藏阻力的产生则主要与当地的政治局势有关。

科勒朗对从喜马拉雅山脉南麓进藏困难的描述并非危言耸听，在很大程度上，这与 19 世纪中叶英国同中国西藏及喜马拉雅诸山国之间的紧张关系密切相关。自 17 世纪起，英国殖民势力借助英国东印度公司逐步控制整个印度。1757 年普拉西（Plassey）战役中，英国殖民势力战胜了法国殖民势力并逐步控制孟加拉、比哈尔（Behar）等地；之后，英国继续向南亚次大陆的北部扩

---

32 A. M. E., vol.556, M. Rabin aux supérieurs des M.E.P., le 1er juin 1850, pp.76-77.

33 Extrait d'une lettre du Docteur Clelland à sa grandeur Mgr. Carew Vicaire apostolique du Bengale. In A. M. E., vol.556, M. Rabin aux supérieurs des M.E.P., le 1er juin 1850, p.77.

张，将殖民侵略的矛头指向喜马拉雅诸山国以及中国西藏。伴随英印政府加紧对中国西藏及喜马拉雅诸山国的侵略步伐，英国人由印度、不丹等地进入中国西藏的意图日益加剧，为了打通一条南亚经由中国西藏通向中国内地的经济通道，英国东印度公司孟加拉省督沃伦·哈斯廷斯（Warren Hastings）先后于1774年和1783年派遣以乔治·柏格尔（George Bogle）以及萨米埃儿·忒涅（Samuel Turner）等为首的使团前往西藏；因为拉萨方面无意与英国政府建立联系，这些使团的进藏活动并没有获得任何实质性的成果。[34]进入19世纪，一些非官方性质的、由喜马拉雅山脉南麓进藏探险的活动频繁发生。[35]面对这一形势，中国西藏及喜马拉雅诸山国对前来探险的欧洲人越来越警惕并加以防备，对西方人进藏的封锁也日渐加强，因此，这些探险者要么是未能进入西藏，要么在进入西藏后很快就被逐出，中国西藏及其周边区域正逐步成为针对西方人的禁地。[36]这种情况下，法国传教士们想从喜马拉雅山脉南麓进入中国西藏所面临的困难之大可想而知。

金肯斯

科勒朗于1850年4月17日写信给英国政府驻阿萨姆特使金肯斯，告知他三位法国传教士欲由阿萨姆前往中国西藏，希望对方能够给他们提供建议和帮助。[37]金肯斯于5月回信，信件的主要内容可以归纳为以下四点：

1. 表达了他对法国传教士们的欢迎："我非常高兴得知被派往（中国）西藏的三位法国传教士即将光临，请让卡若主教放心，能为他们效劳将是我莫大的荣幸。"[38]

2. 对进藏路线的看法。金肯斯认为，较之于经由不丹进藏，"经由僜人居住的山脉可以到达西藏"，因为不丹人不会愿意"将旨在推翻喇嘛政权的传教

---

34 周伟洲主编：《英国、俄国与中国西藏》，北京：中国藏学出版社，2000年7月，第31-42页。

35 英国陆军上校克拉菲尔德（C. Crawford）于1802年，韦伯（L. Webb）、雷柏（C. Raper）、赫尔森（Hearsay）以及科尔帕特克上校于1808年，他们虽然对西藏南部及尼泊尔一带地形做了一定的测绘，但是均未能进入西藏；托马斯·曼宁（Thomas Manning）、威廉·穆尔科洛夫特等虽然潜至拉萨，前者最后被逐出西藏，后者被杀。参见梁俊艳：《英国与中国西藏》，兰州大学出版社，2012年，第181-182页。

36 米歇尔·泰勒著、耿昇译：《发现西藏》，北京：中国藏学出版社，2012年，第92-114页。

37 Extrait d'une lettre du Docteur Clelland à major Jinkens représentant du gouvernement à Assam. In A. M. E., vol.556, M. Rabin aux supérieurs, le 1er juin 1850, p.77.

38 A. M. E., vol.556, M. Rabin aux supérieurs des M.E.P., le 1er juin 1850, p.77.

士们带入他们的国家"，相比之下，"那里（指僜人居住的山脉——译者）的部族还没有皈依喇嘛教"。[39]

3. 建议拉班一行在高哈蒂待一段时间，以学习语言并进一步打探进藏方面的消息。为此，他表示愿意为传教士们提供一间小茅屋、藏语翻译及图书馆等用于居住和学习的资源。[40]

4. 金肯斯表示，他那里有一个正在学孟加拉语的 Kampti（傣民的一支——笔者注）男孩，其父亲"可以经由僜人部落（居住的）山脉将传教士们带到（中国）西藏，既不会有危险也不会有困难"[41]但是金肯斯明确表示，法国传教士们不大可能靠近拉萨："据我们所尽可能知道的，我们认为他们（指三位法国传教士——译者）不会被允许靠近拉萨，（因为）西藏的这一部分太过靠近汉地。"[42]

面对前来开拓阿萨姆和中国西藏福传事业的三位巴黎外方西藏传教会传教士，印度马德拉斯和加尔各答两地天主教界及侨居当地的欧洲人予以略带盲目的热烈欢迎，似乎摆在传教士们面前的是一片坦途。而有英印政府官方背景的科勒朗以及金肯斯则对此保持了相对的理性，在表达欢迎之余，二者均谈及从喜马拉雅山脉南麓进入中国西藏的现实困难。然而，与科勒朗相比，金肯斯似乎并未太过强调进藏的困难所在，他甚至断言经由僜人部落居住的山脉进入西藏并不困难。实际上，金肯斯对当时经由僜人部落居住的山脉进入中国西藏实际困难的估计明显不足。

1826 年，英国殖民者们通过签订《杨达波条约》迫使缅甸割让阿萨姆给英国，这一地区的原住民以藏缅部族为主，地理上北邻不丹及中国西藏。英国人当时在阿萨姆最前沿的据点设在萨蒂亚（Sadya），布拉马普特拉河在这里分叉为底杭河（Dihang）、底班河（Dibang）及洛希特河（Lohit）三条支流。立足阿萨姆的萨蒂亚，理论上使得英国人可以不经过尼泊尔、不丹等喜马拉雅诸山国而直接由阿萨姆进入中国西藏。因此，当时一些英国探险者们曾多次沿布拉马普特拉河及其支流溯源而上探险，旨在发现该河的源头并开辟一条直接通向中国西藏的道路，这些探险者们大多是英国政府官员或者部队军官，背后均或多或少得到政府的人力物力支持。[43]但是，实际上，由于这一时期英国殖

---

39 A. M. E., vol.556, M. Rabin aux supérieurs des M.E.P., le 1er juin 1850, p.77.

40 A. M. E., vol.556, M. Rabin aux supérieurs des M.E.P., le 1er juin 1850, pp.77-78.

41 A. M. E., vol.556, M. Rabin aux supérieurs des M.E.P., le 1er juin 1850, p.78.

42 A. M. E., vol.556, M. Rabin aux supérieurs des M.E.P., le 1er juin 1850, p.78.

43 Juliette Buzelin, *Tibet Terre Promise: le journal de voyage de Nicolas Krick missionnaire*

民者们对阿萨姆更多只是一种名义上的控制，他们于萨蒂亚的据点经常受到周边以傣人（Kamptis）、景颇人（Singphos）、僜人（Mishmis）为首的藏缅部族的侵袭。[44]如同英国驻阿萨姆的殖民者们一样，沿布拉马普特拉河尝试进藏的英国探险者们也无一例外均遭到沿途藏缅土著部族们的阻击。其中，在 19世纪初，有三位英国军官曾尝试沿布拉马普特拉河支流逆流而上试图进入中国西藏境内，他们分别是威尔克斯（Wilcox）、百得福尔德（Bedford）、博尔顿（Burlton），他们的进藏尝试遭到沿途土著部落的阻击，均以失败告终，这些探险活动的失败使英国人从阿萨姆邦直接前往中国西藏的信心受到重创。[45]上述由英印政府支持的英国探险家们进藏活动的失败经历说明，由于受到布拉马普特拉河支流沿岸土著部族的阻击，当时西方人从阿萨姆一侧尝试进藏几无成功的可能，而并非像金肯斯所说的那样"既不会有危险也不会有困难"。

二、拉班主导的两次不丹进藏活动

拉班、克里克和布里三位传教士被派往印度阿萨姆邦之前，外方传教会巴黎总部就已经任命拉班为这个团队的首领，并着手向罗马教皇申请赋予拉班相应的宗教权力。[46]1850 年 3 月 4 日，教皇授予拉班与"传教会首领（Chef de Mission）"相应的宗教权力，同年 6 月 9 日，更多的权力被追加授予拉班，使他拥有了几乎同代牧主教一样的权力。[47]因此，从印度阿萨姆邦开展的进藏活动最开始主要由拉班主导。

1850 年 6 月 13 日，拉班带领他的两位传教同仁离开加尔各答前往阿萨姆邦首府高哈蒂（Gowahatty）。他们途径达卡并在那里与奥利弗主教会面，后者

et explorateur（1851-1852），A. M. E., études et documents 15, p.41.

44 Juliette Buzelin, *Tibet Terre Promise: le journal de voyage de Nicolas Krick missionnaire et explorateur*（1851-1852），A. M. E., études et documents 15, p.41.

45 Juliette Buzelin, *Tibet Terre Promise: le journal de voyage de Nicolas Krick missionnaire et explorateur*（1851-1852），A. M. E., études et documents 15，p44. 以威尔克斯为例，英印政府曾对他的进藏探险活动予以大力支持，不仅为其配备保护他的士兵和为他带路的向导，给他提供丰富的礼物以笼络沿途土著部落首领，同时还承担了他探险旅行所需的全部费用；1826 年 10 月 8 日，威尔克斯从萨蒂亚出发，沿布拉马普特拉河逆流而上，到达一个名为 Zingcha 的村庄，当地土著部落首领禁止他再向前行进；在得知自己面临被杀死的危险之际，威尔克斯仓皇撤逃。参见 A. Launay, *Histoire de la mission du Thibet,* tome 1, Paris: Les Indes Savantes, 2001, pp.107-108.

46 A. Launay, *Histoire de la Mission du Thibet,* tome 1, Paris, les Indes savantes, 2001, p.101.

47 A. Launay, *Histoire de la Mission du Thibet,* tome 1, Paris, les Indes savantes, 2001, p.101.

向他们出示了 1850 年 2 月 16 日教皇陴九世签发的关于阿萨姆划归西藏传教会的谕令。[48]拉班一行于 1850 年 6 月 27 日到达高哈蒂。

（一）拉班以高哈蒂为中心建设阿萨姆传教会的建议

到达高哈蒂后不久，拉班就写信给巴黎的长上，建议在这里设设一个"总务处（la Procure général)"。[49]其实，在三位巴黎外方传教会的传教士们乘坐的船只靠近高哈蒂之际，拉班就已经被该城城东的一座丘陵所吸引："在我们靠近高哈蒂之际，我无法使我的眼睛离开城东河边上的一座丘陵，它的位置、它的肥沃、它纯净的空气吸引着我，不经意间，我的想象攀爬到它的顶部……我俨然看见了一座大房子，用作我们阿萨姆、不丹及西藏传教会的总务处……传教士们在里面休养并迅速恢复健康，年轻的传教士在里面学习语言并等待出征，甚至有一些（传教士）在里面可以展开对当地风俗和语言更深层次的学习。一座神修院，几所学校，宽阔的大院里绿树成荫……最后，一座教堂位居顶部俯瞰四周。"[50]拉班甚至建议将高哈蒂打造成此次传教活动的中心，如同作为印度传教会中心的本地治理："高哈蒂将是我们活动的中心，我主张将我们主要的力量放在高哈蒂，如同印度传教会的本地治理。"[51]基于这些想法，拉班向巴黎的长上们表示："至于不丹和西藏的传教任务，我们不得不将它们遗忘一段时间。"[52]

拉班上述想法的产生与高哈蒂本身的优越条件不无关系。高哈蒂位于布拉马普特拉河左岸，是阿萨姆邦的中心城市，同时也是前往不丹和东阿萨姆理想的出发地点，对于西藏传教会的传教士们来说，高哈蒂城的地理位置极具策略性：1. 它是英印政府在阿萨姆统治的中心，驻地英国特使金肯斯已经许诺给传教士们提供住房、语言学习及进藏信息等方面的帮助；2. 它是当时英国汽船能够到达的最后一个城市，并且与加尔各答之间有较为频繁的交通来往，可以保证西藏传教会的人力物力输送。[53]但是，拉班忽略了最为关键的一点，巴黎总部派他们来到印度阿萨姆邦的主要目的并非是要在阿萨姆开展传教活动，而是要他们以阿萨姆为据点，尝试由此前往中国西藏开展传教活动，高哈蒂因此只能是传教士们进入西藏的跳板，而不能成为他们传教活动的中心。

---

48 A. M. E., vol.556, M. Rabin aux directeurs des M.E.P., le 18 juillet 1850, p.88.
49 A. M. E., vol.556, M. Rabin aux directeurs des M.E.P., le 18 juillet 1850, p.90.
50 A. M. E., vol.556, M. Rabin aux directeurs des M.E.P., le 18 juillet 1850, pp.89-90.
51 A. M. E., vol.556, M. Rabin aux directeurs des M.E.P., le 18 juillet 1850, p.92.
52 A. M. E., vol.556, M. Rabin aux directeurs des M.E.P., le 18 juillet 1850, p.93.
53 A. M. E., vol.556, M. Rabin aux directeurs des M.E.P., le 18 juillet 1850, p.89.

（二）巴黎总部坚持以西藏传教会为中心的指示

拉班以高哈蒂为中心开展传教活动的想法很快便遭到巴黎总部长上们的否决。1850 年 12 月，巴黎外方传教会致信拉班，明确指出："阿萨姆，尤其是高哈蒂对于我们来说只是一个潜入（中国）西藏的落脚点，当你们被从致力于传播福音的地区（指中国西藏——译者）驱赶出来时，这也是一个避难所，我们不明白它的优势，也更觉得没有必要在此建立一个大机构（指总务处——译者）……阿萨姆只是一个手段，或者说是一个停靠站，您看起来似乎将之作为了您旅途的终点且本末倒置了，而这与我们的意图相去甚远。"[54]与此同时，为了避免拉班再次偏离西藏教务这一重心，巴黎外方传教会对其工作任务作出明确的安排：

"接下来您需要做的是：第一，选一个对你们的健康较为有益的地方，我们希望（你们的健康）得以保养，这对你们从事事业的成功十分必要；第二，采取措施潜入（中国）西藏并通过学习他们的语言向这一地区的民众传播福音……"。[55]

其实，并非只是拉班一人建议巴黎外方传教会以阿萨姆为中心开展传教活动，孟加拉宗座代牧主教卡若也曾不止一次写信给巴黎外方传教会的长上们，希望他们将阿萨姆及其周边地区作为此次拉班一行传教活动的中心。前文述及，巴黎总部向卡若主教请求让出阿萨姆邦，只是想在此为西藏传教会进出藏活动谋得一个落脚点，卡若主教却于 1849 年 5 月 17 日回信表示，非常愿意将整个阿萨姆邦都划归巴黎外西藏方传教会。仅仅两天之后的 5 月 19 日，卡若主教甚至写信建议将孟加拉宗座代牧区内阿萨姆邦之外的一些区域也划归巴黎外方传教会，他说："我对我刚刚于本月 17 日给你们写的信中所说的内容有所补充，我认为，如果将（孟加拉宗座代牧区）某些遥远的区域置于孟加拉宗座代牧之外的一个代牧主教及其传教士们管理的话，孟加拉的宗教（天主教——译者）将取得很大进步。因此，我建议新的传教会的边界定于加尔各答东北一百英里的布尔德旺（Burdwan）和吉时纳戈尔（Kishenagur），传教会从这些城市向南、向东以及向西延伸至巴特那（Batena）宗座代牧区以及奥利弗主教管辖的（达卡）宗座代牧区……。"[56]由于迟迟未收到肯定答复，1850 年 9 月 5 日，卡若再次写信给巴黎外方传

---

54 A. M. E., vol.556, lettre des directeurs du séminaire des M.E.P. à M. Rabin, le 17 décembre 1850, p.256.

55 A. M. E., vol.556, lettre des directeurs du séminaire des M.E.P. à M. Rabin, le 17 décembre 1850, p.256.

56 A. M. E., vol.556, Mgr. Carew aux directeurs du Séminaire des M.E.P., le 19 mai 1849, p.39.

教会的长上们,信中解释道:"我想让与贵会传教士们的那些地区,完全不同于奥利弗主教管辖下的那些(地区)……我期望将我管辖的那些区域完全让与你们的传教士们,为的是让他们在很短的时间内建设一个与东孟加拉宗座代牧区和西孟加拉宗座代牧区不同的宗座代牧区。"[57]同时,卡若主教称,他想划给巴黎外方传教会的是孟加拉"最富有、最肥沃、最益于健康"(les plus riches, les plus fertiles et les plus salubres du Bengale)的地区,他请求对方要"非常认真地"考虑他的这一建议,不到最后一刻不要拒绝这一建议,因为在他看来,越早进入这些地区,"成功的希望越大"。[58]

尽管卡若主教一再表示愿意将阿萨姆及其周边更广阔的地区让与巴黎外方传教会,但是,事实证明这只是他的一厢情愿。1850 年 12 月 23 日,巴黎外方传教会的长上勒格朗鲁瓦(Langlois)写信给孟加拉宗座代牧主教卡若,信中委婉拒绝了对方的"美意":"我经新加坡收到了阁下有幸于 1850 年 9 月 5 日写的信,……我们抓住这一机会向阁下表达强烈的感谢,……(感谢)您提供给我们西藏传教士们的服务以及您给予他们的父亲般的关爱,但是,我们不能满足您内心的期望(接受您更多地域的馈赠——原文)……因为,在未征得我会所有宗座代牧主教们的同意之前,我们修会的会规不允许我们接受或者组建任何新的传教会,我们非常确定,任何相关请求都会被否决,因为我们现在正面临着负担众多传教任务的巨大困难。"[59]

一直以来,巴黎外方传教会都未曾计划在阿萨姆成立一个新的传教会。从 1848 年 12 月 21 日首次写信给孟加拉宗座代牧副主教奥利弗,请求对方同意巴黎外方传教会传教士在阿萨姆拥有一个落脚点,到 1850 年 2 月 16 日教皇庇九世签署谕令,将整个阿萨姆邦划归巴黎外方传教会,该会的目标一直很明确:阿萨姆邦是进入中国西藏的"手段"而非"目的"。此次通过拒绝拉班和卡若主教在阿萨姆成立新的传教会的建议,外方传教会巴黎总部再次明确了"西藏教务"这一核心任务,以促使派往印度的三位传教士全力以赴,去完成天主教会重返中国西藏传教之计划。

57 A. M. E., vol.556, lettre du Mgr. Carew aux directeurs des M.E.P., le 5 septembre 1850, p.110.

58 A. M. E., vol.556, lettre du Mgr. Carew aux directeurs des M.E.P., le 5 septembre 1850, pp.110-111.

59 A. M. E., vol.556, les directeurs du Séminaire à Mgr. Carew, le 23 décembre 1850; dans la lettre du Mgr. Carew aux directeurs des M.E.P., le 5 septembre 1850, p.113.

（三）拉班与贝尔纳进入不丹的尝试

从拉班 1851 年 4 月 14 日和 6 月 9 日写回巴黎总部的两封信件内容来看，拉班带领贝尔纳主要承担了经由不丹尝试进藏的任务。要想从不丹进入中国西藏，首先就要进入不丹。

1. 第一次进入不丹的尝试

1851 年 4 月 14 日写给巴黎长上们的信中，拉班这样写道："我很高兴我的（观点）和你们的观点完全一致，关于经由不丹做一次（进藏）尝试……如果没有什么妨碍的话，我们将要出发，在复活节之后，贝尔纳和我去尝试不丹的路，很有可能至少我们当中的一个会到达（不丹）附近，或者在（不丹边境的）山脚下，或者在（不丹边境的）山那边，甚至到达不丹内部。"[60]但是，很快在 6 月 9 日的信中，拉班宣称这次尝试失败了："在四月份的一封信中，我向你们宣称，鉴于你们的来信以及我在高哈蒂期间所制定的计划，我们要前往不丹做一次（进藏）尝试，但是，我们失败了……不丹王公（Raja）明确指令我们待在阿萨姆，此后，我们不可能再直接前往（不丹）。"[61]其实，不丹王公并非完全禁止法国传教士们进入不丹，而是要求他们必须提供由英国政府驻阿萨姆特使金肯斯出具的证明信。于是，拉班决定自己留在位于高哈蒂—不丹路途中间的本尼亚（Bongnia）开展传教活动，以为之后前往不丹打基础，同时他安排贝尔纳返回高哈蒂向英国特使金肯斯求助。[62]

然而，英国人却并未就此给予法国传教士们什么有价值的帮助。拉班在写给长上们的信中汇报了这一令人失望的结果："贝尔纳在返回高哈蒂后，克里克和他一起去见特使（即金肯斯——译者）。这个人（指金肯斯——译者）不仅没有主动打听我们此次（不丹）行程的有关情况，似乎还尽可能避免谈及这个问题。贝尔纳对他说，（不丹）王公要求我们出具一封他的（介绍）信。他回答说，在提供（介绍信）之前，他需要先写信给他的政府（指英印政府——译者）并听取指示。鉴于此，我认为我们不要抱太大希望英国政府就此会做得更好……英国特使本人（即金肯斯——译者）都对他的政府抱有极少希望"。
[63]很显然，金肯斯在为法国传教士们开具前往不丹介绍信一事上持消极态度。同时，金肯斯提议由法国传教士们自己写信给不丹王公，拉班并未接纳这一建

60 A. M. E., vol.556, M. Rabin aux directeurs des M.E.P., le 14 avril 1851, pp.162-163.

61 A. M. E., vol.556, M. Rabin aux directeurs des M.E.P., le 9 Juin 1851, p.170.

62 A. M. E., vol.556, M. Rabin aux directeurs des M.E.P., le 9 Juin 1851, p.172.

63 A. M. E., vol.556, M. Rabin aux directeurs des M.E.P., le 9 Juin 1851, p.173.

议："我们没有给（不丹）王公写信，我们（也）不会向英国政府请求任何东西，除非你们同意。至于我们，我们十分倾向于，甚至是有充分的理由怀疑，这些方法中的这个或者那个是否会对我们有用，我们认为恰恰相反。"[64]早在刚刚到达印度加尔各答之际，移任法国驻印度领事的北古先生就曾经告诉过他，英国人敌视在印度的其他国家的人，尤其是法国人："在加尔各答时，北古先生就对我们说，印度的英国人极度地妒忌和怀疑其他国家的人，尤其是法国人，正是因此，尽管我们与政治毫不相干，他（指北古——译者）也不能将我们介绍给加尔各答的统治官。"[65]这在一定程度上让拉班认定英国人不会对法国传教士提供太大实质性的支持和帮助。

退一步，拉班认为，即使英国政府同意为法国传教士们提供证明信，不丹王公也不太可能允许他们待在不丹，因为不丹很厌恶英国，他说："假设（英国）政府给我们提供几封信，我们传教会的问题从此将在不丹人眼中完全成为一个政治问题，在他们眼中，我们将成为他们所厌恶的一个政府（指英国政府）派来的人。……很难想象（不丹）王公愿意容许我们待在他的王国。"[66]可见在当时，不丹对英印政府已经持十分抵制的态度。同时，这也是造成法国传教士们不丹之行阻力的原因之一。实际上，在拉班和贝尔纳此次出发前往不丹之前，金肯斯曾经就此提醒过他们，拉班说："就在我们出发的前几天，我前去面见阿萨姆邦英国特使（即金肯斯——译者），他对我讲了极少的关于不丹的事情，但是他确定地对我说，如果人们把我们当做英国人，我们就不可能通过，如果，出于偶然，我们的教士长袍能让人看出来我们是法国神父，可能困难会少一些，但是这几乎是不可能的。"[67]金肯斯的这番话在实际上道明了一点：法国传教士们经由不丹开展进藏活动所面临的主要阻力将来自于不丹对英国人的反感。不丹非常反感并强烈抵制英国人，同时不丹人又几无可能将法国人同英国人区别开来，想进入不丹的法国传教士们将会因为被误认为是英国人而遭受不丹人的强烈反感和抵制，他们经由不丹的进藏活动也将不可避免地遭遇阻力。

在上述情况下，拉班认为已经不太可能在英国政府的帮助下正大光明地直接进入不丹，于是，他写信向巴黎总部分析了另外三种进入不丹的途径：

（1）从山区穿行进入不丹。拉班甚至为此做了准备并付诸于行动，在经

64　A. M. E., vol.556, M. Rabin aux directeurs des M.E.P., le 9 Juin 1851, p.173.

65　A. M. E., vol.556, M. Rabin aux directeurs des M.E.P., le 9 Juin 1851, p.173.

66　A. M. E., vol.556, M. Rabin aux directeurs des M.E.P., le 9 Juin 1851, p.170.

67　A. M. E., vol.556, M. Rabin aux directeurs des M.E.P., le 9 Juin 1851, p.170.

过了一段艰难的跋涉后，在没有遭到任何人阻止的情况下，他自己主动放弃了这一尝试，因为从山区穿行前往不丹，继而前往中国西藏，将面临诸多难以克服的困难，他说："事实上，（从山区穿行）就是将我们扔在山里，不懂语言，没有向导，没有翻译，没有苦力，几乎没有食粮，不熟悉常常被暴风雨冲毁的山间小道，对当地风俗一无所知，等等。我们极少可能找到一间栖身的窝棚，（当地人）穷得连卖给我们的粮食都没有。然而，我们却不得不在这样的条件下一直走到（中国）西藏，这需要好几个月，（我们）总是面临着饿死或者穷死的危险，每天面临被（不丹）王公抓捕的危险，跌入深渊的危险，被盗贼杀死的危险。我知道，这些话以及我将要对你们讲的一些话在你们看来都夸张了。对如此重要的事务我不敢有丝毫的夸张，……我们放弃了这一计划。"[68]拉班认为放弃这一尝试是理性的选择："我们（从山区穿行进入不丹）太过冒失，不但不会有一个良好的结果，相反，会给我们的传教会带来损害，正是因为意识到了这一点，我们退却了。我们认为应该约束一下我们的热忱……"[69]

（2）经由阿萨姆平原的另一侧进入不丹。拉班的第二个（计划）是经由阿萨姆平原，从另一侧进入不丹。[70]但是困难依然难以克服："没有苦力，没有向导，在浩无人烟的、没过我们（身高）的丛林间穿行；平原上布满了沼泽，我们面临被困在里面以及死在里面的危险，而且，这样做就是将我们投向另一个王公之手并且到处引起警觉。"[71]

（3）在距不丹最近的村庄落脚以便在之后伺机进入不丹。拉班同样否决了这一计划，因为："（这一带的）村庄十分稀疏，发洪水期间它们之间的联系会完全断绝，连不丹人都很少去（这些村庄）；洪水期间，一直到十月或者十一月，我们与高哈蒂以及不丹人的联系会完全断绝，（这让人）束手无策，……"[72]

不能有所突破进入不丹，待在本尼亚的拉班很快陷入了困境："尽管我处在一个农业相对不错的地方，我还是面临着被饿死的危险；在那里逗留的两周时间里，我只弄到了两斤大米，整个地区极端地贫穷。我别无他法只有从高哈蒂弄一些必需品。但是交通十分困难。两周后，先生们（即克里克和贝

68 A. M. E., vol.556, M. Rabin aux directeurs des M.E.P., le 9 Juin 1851, p.171.
69 A. M. E., vol.556, M. Rabin aux directeurs des M.E.P., le 9 Juin 1851, p.171.
70 A. M. E., vol.556, M. Rabin aux directeurs des M.E.P., le 9 Juin 1851, p.171.
71 A. M. E., vol.556, M. Rabin aux directeurs des M.E.P., le 9 Juin 1851, p.171.
72 A. M. E., vol.556, M. Rabin aux directeurs des M.E.P., le 9 Juin 1851, p.172.

尔纳——译者）写信给我说，他们无法找到给我运送大米以及生活必需品的苦力。我的语言老师生病滞留在高哈蒂，没有他我便不可能做任何事情，因为我对当地方言知之甚少。"困难迫使拉班最终不得不离开本尼亚，返回了高哈蒂，他说："先生们要我回去与他们汇合……我出发了，我差不多骑垮了三匹马，才得以穿越这个比起其他任何地方更像沼泽的地区（返回了高哈蒂）。"[73]

返回高哈蒂的拉班已经基本上丧失了从不丹进入中国西藏的信心，他说："假设，不管以什么方式，我们能够进入不丹，或者自由地进入，或者偷偷地潜入，那也只是困难的开始，因为我们坚信不丹不可能有任何传教会立足，那里通向（中国）西藏的路是最困难、最昂贵以及最危险的路，……在目前的形势下，从这一侧（即不丹——译者）潜入（中国）西藏不仅是困难的，而且是不可能的。"[74]

曾有两位英国人分别于 1783 和 1838 年到过不丹，他们是塞缪尔·忒涅（Samuel Turner，又译为特纳——笔者注）[75]和格里夫特（W.Griffith）[76]。拉班以他们二人撰写的游记内容为依据，向巴黎总部陈述了不丹不适合开展进藏活动的两点理由：

（1）人口稀少且极度贫困。拉班称，通过忒涅和格里夫特游记，对比今昔，不丹人口的急剧下降以及贫困的激增触目惊心："当时的德布格尔（Débougary，即今印度迪布鲁格尔 Dibrugarh-译者）有大约 100 间房子，如今则只有 25 到 30 间……这种急剧下降导致当地极其贫困，越是远离阿萨姆平原的地方这种贫困越是显著……1838 年，格里夫特每天几乎只能遇到一间房子（即一户人家——译者）或者一个荒废的村庄，不丹人确定地告诉我们，如今从德布格尔到都尔萨（Thaulssa），15 至 20 天的路途中，几乎不会遇到任何居民。"[77]拉班认为传教士们在地广人稀的不丹无法生存下去，他

73　A. M. E., vol.556, M. Rabin aux directeurs des M.E.P., le 9 Juin 1851, p.172.

74　A. M. E., vol.556, M. Rabin aux directeurs des M.E.P., le 9 Juin 1851, p.174.

75　1783 年，英国人忒涅受孟加拉省督沃伦·哈斯汀斯（Warren Hastings）派遣，经由不丹到达西藏的日喀则。参见周伟洲主编：《英国、俄国与中国西藏》，北京：中国藏学出版社，2000 年 7 月，第 36 页。

76　根据拉班 1851 年 6 月 9 日写给巴黎长上们的信中所述，格里夫特是印度马德拉斯医药学校的医生，曾于 1837 至 1838 年陪同英国政府官员 Bembirton 上校前往不丹，他撰写的不丹游记发表在 1839 年 4 月第 87、88 期亚洲协会报（le journal de la Société asiatique）上，在巴黎可以找到这些日记的法语版本。参见 A. M. E., vol.556, M. Rabin aux directeurs des M.E.P., le 9 Juin 1851, p.175.

77　A. M. E., vol.556, M. Rabin aux directeurs des M.E.P., le 9 Juin 1851, pp.175-176.

说："总之，……一点一点消失的民众，没有任何一个像样的居民中心，三四个被称为城镇的主要村庄之间相距 12、15、20 天的步行距离，简陋的棚屋四处散落，相互之间有一天或者好几天的距离。在这样的一个地区怎么办？怎么找到（赖以生存的）粮食？"[78]

（2）**地理条件差**。拉班称，根据武涅和格里夫特游记的描述，不丹尽管很大，却不过是背靠喜马拉雅山脉的连绵群山，既没有平原，也没有谷地；英国人占领阿萨姆之前，库奇—比哈尔平原以及阿萨姆平原的大部还属于不丹，能得到居住在那里的不丹人的细致耕种；自从英国人占领了阿萨姆，不丹人全部从平原上消失了，那里几乎变成了荒原并被雨季的湍流毁坏。[79]

格里夫特曾在自己撰写的游记中信誓旦旦地保证，他对不丹的负面评价是客观的，是自己的亲身经历和亲眼所见；为了让巴黎的长上们确信"不丹非常糟糕"，拉班在信中将格里夫特游记的相关内容做了原文陈述："我（即格里夫特——译者）担心这一报告被视为偏见之作，但是，我有信心任何想对之进行最严格检验的人都会认为这（报告）是忠实的。我进入了这个国家，……我原本期待着在这个国家找到某种财富以及一个文明的民族。我不必说明现在我的希望落空到何种程度。……很重要的一点已经基本明确，就是要推翻之前保持的关于不丹民族才能与财富的荒谬结论，……我发表了我关于这个国家的观点，有点严苛却不失公正，我确信这一民族，……比我所探访过的任何民族都差得多。"[80]

此外，更为糟糕的是，拉班竟然发现，传教士们从不丹进藏也会面临被中国政府抓捕的危险："他们（指中国人——译者）尽己所能阻止不丹和（中国）西藏之间的一切往来，那些从一方（指不丹——译者）通向另一方（指中国西藏——译者）的小路被中国兵站所把控。仅仅是穿过这里（指不丹——译者）到达（中国）西藏边缘，我们就必定会落入监守所有道路的中国士兵手中。"[81]除却认定不可能经由不丹进藏之外，拉班认为同样不可能经由阿萨姆进藏，他说："阿萨姆与（中国）西藏之间隔着不丹以及阿波尔人和僜人（居住的）群山，（这些山脉）同不丹的山脉一样广袤贫瘠。……没有什么让我们敢于期望在僜人（居住区域）与（中国）西藏之间有一条（可以通行的）

78 A. M. E., vol.556, M. Rabin aux directeurs des M.E.P., le 9 Juin 1851, p.176.
79 A. M. E., vol.556, M. Rabin aux directeurs des M.E.P., le 9 Juin 1851, p.177.
80 A. M. E., vol.556, M. Rabin aux directeurs des M.E.P., le 9 Juin 1851, p.177.
81 A. M. E., vol.556, M. Rabin aux directeurs des M.E.P., le 9 Juin 1851, p.176.

道路。即使有一条路，这一小部族（指僜人部族——译者）与喜马拉雅山脉北麓之间的交通也几乎应该是不通的，可能像其他的路一样被中国士兵把守。假设有一条可以避开中国岗哨（进藏）的道路，或者没有中国岗哨，走这条路，在过了拉萨到达汉地之际，也很有可能会落入汉人手中。而且，这条路对于我们传教会来说将不可能是一条走得通的路，我们必须倾我们所能去尝试这条路吗？"[82]拉班上述观点的提出，无疑是对印度阿萨姆及不丹进藏路线较为彻底的否定。因为由罗勒拿主导的巴黎外方西藏传教会首次进藏活动就是败于驻守川藏线的清兵之手，也正是此次失败促使外方传教会巴黎总部着手开辟印度、不丹的进藏路线。如果经由不丹和印度阿萨姆邦进藏的传教士同样存在被中国士兵抓捕的危险，巴黎总部的长上们将不得不慎重考虑这些进藏路线的可行性。

尽管如此，拉班向巴黎总部表示不会放弃尝试从不丹和阿萨姆进入中国西藏，他说："无论如何，在你们能够做出决定之前，我们将尝试所有可能的方式进入这个凄凉的国家（即进入不丹——译者）。"[83]同时，他却已经完全丧失了经由印度阿萨姆和不丹成功进入中国西藏的信心："但是，我确信，依据我们关于阿萨姆和不丹的经验，想要从这一侧（指不丹——译者）重返（中国）西藏传教，这就是挑战不可能。另一侧，阿萨姆……只不过是一个无底洞，靠我们传教会本身是无法从那里进入（中国）西藏的。"[84]

2. 第二次进入不丹的尝试

第一次进入不丹尝试失败返回高哈蒂后，拉班派克里克出发前往一个叫泽布（Tespoor）的地方，打探从那里前往不丹道路的信息；克里克前往泽布探路期间，拉班和贝尔纳打算从不丹西南部第二次尝试进入不丹。[85]贝尔纳于1852年1月写给巴黎长上的一封信中讲述了此次尝试的经过及结果。

1851年11月，拉班与贝尔纳选择逆布拉马普特拉河流而上，试图进入不丹。途中，他们二人来到马噶尔德（Mongleday），拜访了当时这一城市的英国官员胡德森（Hudson）。胡德森热情接待了这两位法国传教士，同时也向他们进入不丹的意图泼了冷水。据贝尔纳的信，胡德森当时断定法国传教士们不可能进入不丹内部，原因有两点：其一，当时正值雨季，沿途湍流阻

---

82 A. M. E., vol.556, M. Rabin aux directeurs des M.E.P., le 9 Juin 1851, p.177.
83 A. M. E., vol.556, M. Rabin aux directeurs des M.E.P., le 9 Juin 1851, p.177.
84 A. M. E., vol.556, M. Rabin aux directeurs des M.E.P., le 9 Juin 1851, p.177.
85 A. M. E., vol.556, M. Rabin aux directeurs des M.E.P., le 9 Juin 1851, p.173.

断道路不能通行；依照胡德森的经验，进入不丹的路只有等到一月份才能通行，因为每年的这个时候，好几千不丹人会来到阿萨姆贸易，他们会因此在沿途沟壑之上架起一些桥梁。[86]其二，不丹王公不会允许传教士们立足不丹，胡德森说："（不丹）王公们永远不会允许你们在他们的国家立足。所有你们能够期望的，就是借助一定价值的礼物……在他们的朝堂上停留几天，然后，他们会很礼貌地请你们离开（不丹）。"[87]尽管如此，胡德森还是建议拉班和贝尔纳前往两天路程之外的一个名叫澳大尔古里（Odalgouri）的村庄，在那里等待不丹人的到来，说不丹人不久后将会到那里参加一个时间持续长达两三个月的集市；传教士们准备听从胡德森的建议："我们的行动计划就此基本确定，我们最好的做法就是前往（澳大尔古里）等候我们未来的东道主（不丹人——译者），（我们将）利用他们到达之前的时间学习语言"。[88]

前往澳大尔古里的道路异常难走，"崎岖不平的路"上长满了沼泽植物，高大坚硬如"卢瓦尔河沿岸的芦苇"。[89]到达澳大尔古里后，传教士们发现那里的生存条件异常艰苦，他们的住处为一间几乎没有墙壁的棚户，夜间难以抵挡寒冷的山风，好不容易遇到一位会讲不丹语的阿萨姆—卡萨尔人（Assamiens-Cassaris），但是，在得知传教士们进藏计划的当天他就逃跑了，因为他害怕被不丹王公视为传教士们的同谋。[90]此外，粮食的缺乏是传教士们面临的又一大困难："我们什么都弄不到，人们不愿意卖给我们任何东西……最终，人们决定卖给我们几把坏稻谷，是一些在田间直接取来的还未成熟的，我们不得不为我们的午餐而奔波，幸好我们还可以猎获几只鸟雀。"[91]以上可见，沿途道路的艰险、生活条件的艰苦以及当地人对外国人的抵触，这些都是传教士们进入不丹的巨大障碍。尽管如此，法国传教士们还是决定继续留驻澳大尔古里，寄希望于胡德森所说的"不久之后前来当地贸易的"不丹人身上。[92]

不久之后，在一天清晨出门散步之际，贝尔纳遇见了四位前来当地出售食盐的不丹人。这些不丹人的出现并没有给法国传教士们的艰难境遇带来转机，他们以各种理由拒绝为传教士们进入不丹提供任何帮助：这些不丹人先是怀疑

86 A. M. E., vol.556, M.Berbard aux directeurs des M.E.P., le 14 janvier 1852, p.213.
87 A. M. E., vol.556, M.Berbard aux directeurs des M.E.P., le 14 janvier 1852, p.213.
88 A. M. E., vol.556, M.Berbard aux directeurs des M.E.P., le 14 janvier 1852, p.213.
89 A. M. E., vol.556, M.Berbard aux directeurs des M.E.P., le 14 janvier 1852, p.213.
90 A. M. E., vol.556, M.Berbard aux directeurs des M.E.P., le 14 janvier 1852, p.214.
91 A. M. E., vol.556, M.Berbard aux directeurs des M.E.P., le 14 janvier 1852, p.214.
92 A. M. E., vol.556, M.Berbard aux directeurs des M.E.P., le 14 janvier 1852, p.214.

贝尔纳是英国人；继而，他们以"没有路，水会漫过你的耳朵"为由告诫贝尔纳不要前往不丹；贝尔纳随后表示想同这些不丹人一起返回不丹，这一要求当即遭到对方的断然拒绝："不行，我的王公会割断我的脖子，他会说：'你为什么要带外国人来？'……不要来，你会被冻死，野兽会吃掉你。"[93]贝尔纳想与这几个不丹人加强交往，却进一步遭到冷遇："我非常渴望将他们吸引到我们周围，他们的来访会为我们创造机会学习一点儿他们的语言。他们答应好要来（我这里），但是却从未信守诺言。"[94]对于这几个不丹人的躲避，贝尔纳猜测说："他们在害怕什么呢？我不得而知，可能是他们国王的发怒，也可能是怕吃我提供给他们的食物会中毒。因为他们是如此多疑。"[95]法国传教士们始终没有取得这几位不丹人的信任，直到有一天他们不辞而别："关于我们前往（不丹与阿萨姆交界处的）山区的问题，他们四个之间意见一直都很统一，我们始终没有成功说服他们给我们带路，他们甚至不辞而别。一天早上，前去拜访他们之际，我发现他们不见了踪迹"。[96]贝尔纳这样描述传教士们当时的无奈处境："在这个村庄极度无用地度过了一个月之后，因为缺乏书籍而全然无法利用我们的时间（学习语言），我们决定稍微向前行进一点儿，期望能在（靠近不丹的）山脚下找到一些土著人并与他们建立联系。"[97]

此时传教士们得知，距澳大尔古里步行一天路程处有一个已经臣服英国政府的不丹村庄，是不丹山民前往阿萨姆平原贸易途中的一个栖息地，他们决定前往一探究竟，期望在那里能与其他不丹人相遇。[98]在到达这个村庄后，传教士们建了一间简陋的房子住了下来，贝尔纳在信中做如此描述："她（房子）白天还算好，到了晚上基本不能居住。竹子做的墙，几乎只能阻挡住那些想飞进来的大鸟，我们被置于夜幕降临后从山上刮下来的风中……此外，下午五点，我们就没有了光线，因为我们既没有灯也没有蜡烛，即使我们有，风也不允许我们使用。"[99]在这样艰苦的生活条件下，传教士们的身体状况十分堪忧："我们在那里生活了三个月，简直什么都缺乏。拉班的身体一天不如一天，热病以一种可怕的方式将他击垮。我也染上了痢疾，显然是因为缺

---

93 A. M. E., vol.556, M.Berbard aux directeurs des M.E.P., le 14 janvier 1852, p.215.
94 A. M. E., vol.556, M.Berbard aux directeurs des M.E.P., le 14 janvier 1852, p.215.
95 A. M. E., vol.556, M.Berbard aux directeurs des M.E.P., le 14 janvier 1852, p.215.
96 A. M. E., vol.556, M.Berbard aux directeurs des M.E.P., le 14 janvier 1852, p.215.
97 A. M. E., vol.556, M.Berbard aux directeurs des M.E.P., le 14 janvier 1852, p.215.
98 A. M. E., vol.556, M.Berbard aux directeurs des M.E.P., le 14 janvier 1852, p.216.
99 A. M. E., vol.556, M.Berbard aux directeurs des M.E.P., le 14 janvier 1852, p.216.

乏食物。然而，我们耐着性子，希望看见有不丹人出现。我们利用我们的日子，在情况允许的前提下，向村民们学了几个词汇；我们也试图研究这可怜的（不丹）民众，世界上，我认为，最可怜的民众。"[100]在等待不丹人出现的过程当中，贝尔纳试图与这个村庄的土著民众建立某种宗教联系，结果令人非常失望："尽管这些粗俗的山民生活条件十分艰苦，他们竟然很是自得。我们曾试图收养一个小孤儿，……我提议收养他并带他前往高哈蒂，向他许诺好的餐饭、好衣服以及卢比等等，他却从来没有答应跟我们走。对于所有的许诺，他一概回答：'我什么都不需要'……这就是在此逗留期间我们形成的一些看法……"。[101]

没有等到不丹人的出现，拉班和贝尔纳的身体就已经支撑不住了："然而，拉班先生的热病越来越厉害，我自己身体不适的趋势也相当严峻，（于是）我们离开了这片贫穷且不健康的土地。"[102]贝尔纳信中对他们狼狈的撤退做如下描述："拉班先生几乎不能站立，我们租了两批劣马，我们将他（即拉班——译者）扶上一匹马，另外一批驮着我们的行李。找到几个脚夫后，我取下我马匹上的行李，骑上去，没有马镫，没有马鞍，没有马勒，只有抓住马鬃。……（马）一路小跑，将我们带到一个阿萨姆村庄，（我们）疲惫不堪，浑身都要散架了。在这里，我们露宿于天地之间，……"。[103]经过这一小段艰苦的行程，拉班的身体状况更加糟糕："第二天，他感觉不能再继续马背上的行程，他让人做了一个竹子担架，然而，路是那么的狭窄，他的担架常常无法通过，而且他经常被迫停下来，备受呕吐的折磨。"[104]途中，拉班和贝尔纳遇见了两位出巡的英国官员，接受了他们一些衣食和医药上的救助，这才得以继续前行至马噶尔德："我们终于到达马噶尔德胡德森先生那里，他留我们住了四天，以期拉班先生的身体好转，以方便我们继续我们的路程。但是，所有的照料都是白费，我们（只有）出发返回高哈蒂。"[105]

至此，第二次前往不丹以进入中国西藏的尝试以失败告终。劳内《西藏传教史》一书对此次进藏尝试的失败做如下评价："这样，这次探险别无结

100 A. M. E., vol.556, M.Berbard aux directeurs des M.E.P., le 14 janvier 1852, p.217.
101 A. M. E., vol.556, M.Berbard aux directeurs des M.E.P., le 14 janvier 1852, p.218.
102 A. M. E., vol.556, M.Berbard aux directeurs des M.E.P., le 14 janvier 1852, p.218.
103 A. M. E., vol.556, M.Berbard aux directeurs des M.E.P., le 14 janvier 1852, p.218.
104 A. M. E., vol.556, M.Berbard aux directeurs des M.E.P., le 14 janvier 1852, p.218.
105 A. M. E., vol.556, M.Berbard aux directeurs des M.E.P., le 14 janvier 1852, p.219.

果，只是再一次证明前往（中国）西藏的道路障碍重重。从信仰的角度看，可怜的传教士们的角色不无美丽和伟大之处，实际上却是毫无结果的。"[106]

3. 拉班的逃离及其影响

经历了两次进入不丹尝试惨败之后，拉班的身体和精神受到双重的打击，彻底丧失了对进入中国西藏的信心，在没有向任何人做任何说明的情况下，他自作主张于1852年2月22日从加尔各答乘船返回了法国。在1852年8月22日写给巴黎总部的一封信中，贝尔纳披露了拉班此次溃退："就在我们回到高哈蒂后，拉班先生，我认为他精神上受到的影响超过了他身体上受到的影响，（他）希望呼吸河流上自由的空气。我建议他沿布拉马普特拉河上行，……但是，他回答我，他坚信如果逆河流而上他就会死去，因此他准备沿河而下（沿布拉马普特拉河而上是进藏的方向，反之则是远离中国西藏的方向——译者）。这一回答使我有点惊讶。然而我并未就此下任何结论，直到我看见他自己收拾自己的行李，带上所有属于他自己的东西以及所有必需品。……从那一刻起，我就怀疑所有这一切的背后，掩藏有一个隐蔽的动机——撤离，（这）至少是有预谋的。……几天后，我听说他已经在加尔各答了，他是秘密潜至那里的。自此，我不再怀疑他对于（西藏）传教会来说已经没救了。"[107]贝尔纳将拉班的"疾患"称为"思乡病"（nostalgie）："他在（给我的）信中对我说，他在路途中身体非常不好，……他不能回答那些询问他的人他为什么难受，他生病了，但是说出哪里有病痛又是不可能的。这封信加上我长时间以来对他的观察清楚地向我证明了，他的疾病不是其他什么病，而是思乡病，也就是怀乡病。"[108]几天后，从高哈蒂的天主教徒那里传来消息，说拉班已经于2月22日登上了返回欧洲的船只。其实，促使拉班成为西藏传教会"逃兵"的根本原因并非什么"怀乡病"，而是在他看来无法逾越的进藏障碍，是从阿萨姆和不丹进入中国西藏所面临的巨大困难。

拉班称病离开印度逃回欧洲一事引起了巴黎总部的极大不满。[109]对此，贝尔纳表达了自己的不同观点，他认为拉班身上只有一处可以指责，那就是"即刻占据他（指拉班——译者）内心的深深的气馁。"[110]除此之外，贝尔纳

---

106 A. Launay, *Histoire de la Mission du Thibet,* tome 1, Paris, les Indes savantes, 2001, p.177.

107 A. M. E., vol.556, M.Berbard aux directeurs des M.E.P., le 22 août 1852, p.336.

108 A. M. E., vol 556, M.Berbard aux directeurs des M.E.P., le 22 août 1852, p.336.

109 A. M. E., vol.556, M.Berbard aux directeurs des M.E.P., le 22 août 1852, p.341.

110 A. M. E., vol.556, M.Berbard aux directeurs des M.E.P., le 22 août 1852, p.342.

不仅不认为拉班在管理工作上有太多失误，还反过来抱怨巴黎总部对他们漠不关心："说句良心话，我看不出你们对他的管理有什么可以挑剔的。要是在他的位置上，我也会照他所做。如果说在到达印度最初的几个月里，他似乎并未明白你们的意图，如果说他曾经计划在阿萨姆建立传教会而不是直接前往（中国）西藏，必须承认的一点是，我们几乎不知道你们的（真实）意图，我们三个无一例外一直抱怨，在巴黎，在途中，在高哈蒂，你们使我们处于无指令的状态之中……"。[111]贝尔纳的怨言从侧面反映出，当时被派往印度的三位传教士与巴黎总部之间的沟通很不畅通。

较之于拉班对西藏传教会信心的丧失，贝尔纳对进藏活动的态度则依然是相对积极的。即使是在拉班称病逃离印度之后，贝尔纳依然对西藏传教会抱有希望："自从我们漂泊在我们亲爱的（西藏）传教会的边缘地带以来，众多的考验使我们经受了痛苦，我们还没能进入（中国西藏）并对那里施以上天的恩惠（即传播福音——译者），（尽管如此）这些考验一点儿都没有动摇我们的勇气。"[112]贝尔纳同时也表示，巴黎总部对他们"悲惨处境"的关心将极其有助于保持并加强他们不遗余力去完成此次传教任务的决心。[113]

在返回欧洲途中，拉班曾写信给贝尔纳，除解释其乃是因病离开印度之外，命贝尔纳要么前往瑙贡（Nowagong）牧养那里的教徒，要么重启他们此前中断的探险，要么尝试与克里克汇合。[114]贝尔纳根据当时的情况以及拉班的指示制定了自己的行动计划：留在高哈蒂直到复活节，为当地教徒们准备第一个主日弥撒之后，出发前往瑙贡为那里的教徒们主持圣事；等洪水退却之后出发前往阿萨姆—不丹山区，如果再次失败的话就前往上阿萨姆（Le Haut Assam）与克里克汇合。[115]就在准备离开高哈蒂之际，贝尔纳接到克里克的来信，称其即将返回高哈蒂，贝尔纳便继续留在高哈蒂，同克里克一起在那里待了约两个月。后来由于高哈蒂房屋的租期结束，克里克决定自己先前往达卡，同时建议贝尔纳前往瑙贡，等待两人之后在那里汇合。

111 A. M. E., vol.556, M.Berbard aux directeurs des M.E.P., le 22 août 1852, p.342.
112 A. M. E., vol.556, M.Berbard aux directeurs des M.E.P., le 22 août 1852, p.336.
113 A. M. E., vol.556, M.Berbard aux directeurs des M.E.P., le 22 août 1852, p.336.
114 A. M. E., vol.556, M.Berbard aux directeurs des M.E.P., le 22 août 1852, p.338.
115 A. M. E., vol.556, M.Berbard aux directeurs des M.E.P., le 22 août 1852, p.338.